Je progresse en grammaire, conjugaison, orthographe, lexique

Je découvre les notions en atelier

Chaque atelier **prépare une leçon**

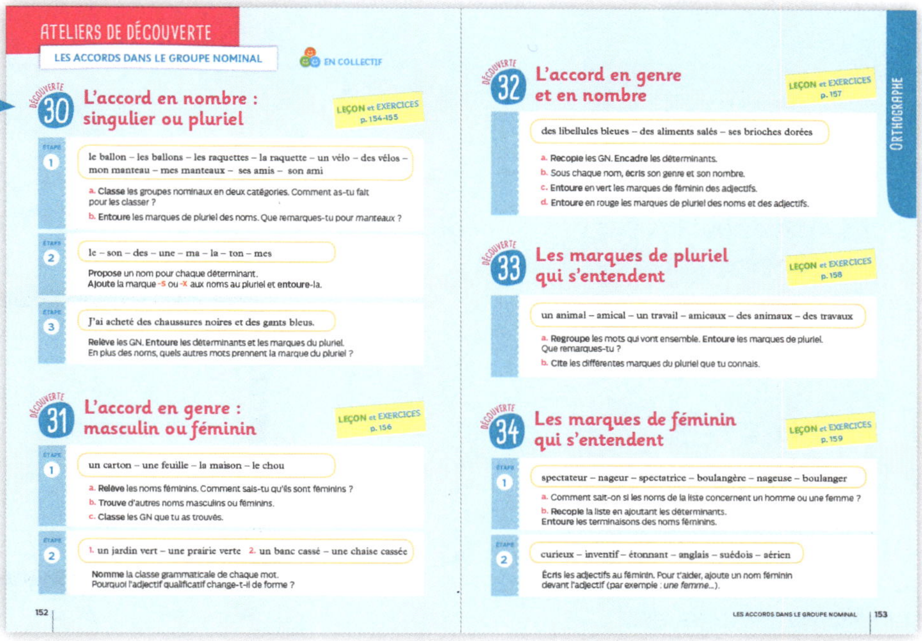
ATELIERS DE DÉCOUVERTE

LES ACCORDS DANS LE GROUPE NOMINAL — EN COLLECTIF

DÉCOUVERTE 30 — L'accord en nombre : singulier ou pluriel — LEÇON et EXERCICES p. 154-155

ÉTAPE 1 — le ballon – les ballons – les raquettes – la raquette – un vélo – des vélos – mon manteau – mes manteaux – ses amis – son ami

a. Classe les groupes nominaux en deux catégories. Comment as-tu fait pour les classer ?
b. Entoure les marques de pluriel des noms. Que remarques-tu pour *manteaux* ?

ÉTAPE 2 — le – son – des – une – ma – la – ton – mes

Propose un nom pour chaque déterminant. Ajoute la marque -s ou -x aux noms au pluriel et entoure-la.

ÉTAPE 3 — J'ai acheté des chaussures noires et des gants bleus.

Relève les GN. Entoure les déterminants et les marques du pluriel. En plus des noms, quels autres mots prennent la marque du pluriel ?

DÉCOUVERTE 31 — L'accord en genre : masculin ou féminin — LEÇON et EXERCICES p. 156

ÉTAPE 1 — un carton – une feuille – la maison – le chou

a. Relève les noms féminins. Comment sais-tu qu'ils sont féminins ?
b. Trouve d'autres noms masculins ou féminins.
c. Classe les GN que tu as trouvés.

ÉTAPE 2 — 1. un jardin vert – une prairie verte 2. un banc cassé – une chaise cassée

Nomme la classe grammaticale de chaque mot. Pourquoi l'adjectif qualificatif change-t-il de forme ?

152

DÉCOUVERTE 32 — L'accord en genre et en nombre — LEÇON et EXERCICES p. 157

des libellules bleues – des aliments salés – ses brioches dorées

a. Recopie les GN. Encadre les déterminants.
b. Sous chaque nom, écris son genre et son nombre.
c. Entoure en vert les marques de féminin des adjectifs.
d. Entoure en rouge les marques de pluriel des noms et des adjectifs.

DÉCOUVERTE 33 — Les marques de pluriel qui s'entendent — LEÇON et EXERCICES p. 158

un animal – amical – un travail – amicaux – des animaux – des travaux

a. Regroupe les mots qui vont ensemble. Entoure les marques de pluriel. Que remarques-tu ?
b. Cite les différentes marques du pluriel que tu connais.

DÉCOUVERTE 34 — Les marques de féminin qui s'entendent — LEÇON et EXERCICES p. 159

ÉTAPE 1 — spectateur – nageur – spectatrice – boulangère – nageuse – boulanger

a. Comment sait-on si les noms de la liste concernent un homme ou une femme ?
b. Recopie la liste en ajoutant les déterminants. Entoure les terminaisons des noms féminins.

ÉTAPE 2 — curieux – inventif – étonnant – anglais – suédois – aérien

Écris les adjectifs au féminin. Pour t'aider, ajoute un nom féminin devant l'adjectif (par exemple : *une femme...*).

ORTHOGRAPHE

LES ACCORDS DANS LE GROUPE NOMINAL 153

Je m'entraine et je progresse

L'essentiel à **mémoriser**

Des exercices organisés par **compétences**

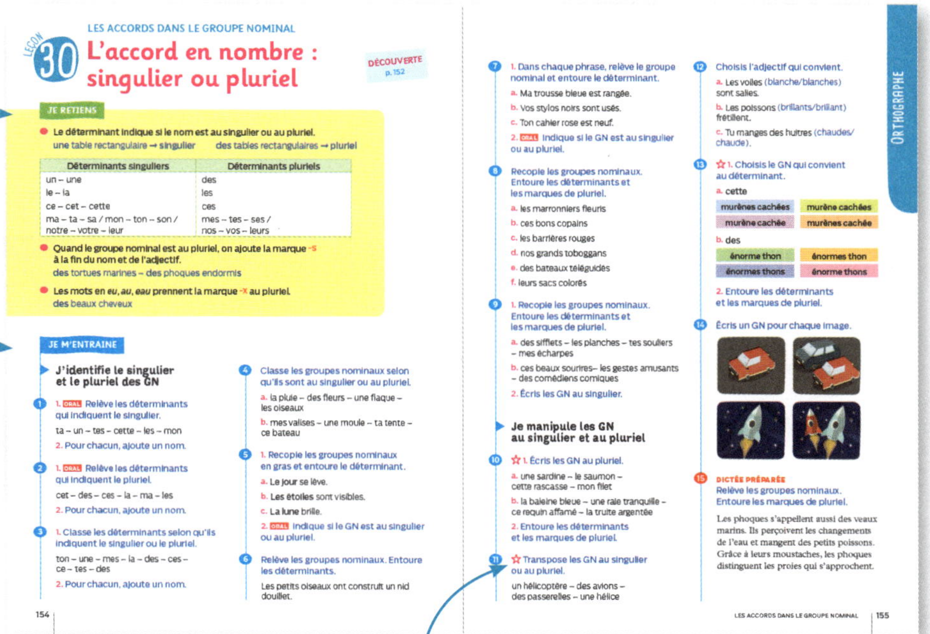
LES ACCORDS DANS LE GROUPE NOMINAL

LEÇON 30 — L'accord en nombre : singulier ou pluriel — DÉCOUVERTE p. 152

JE RETIENS

- Le déterminant indique si le nom est au singulier ou au pluriel.
une table rectangulaire → singulier — des tables rectangulaires → pluriel

Déterminants singuliers	Déterminants pluriels
un – une	des
le – la	les
ce – cet – cette	ces
ma – ta – sa / mon – ton – son / notre – votre – leur	mes – tes – ses / nos – vos – leurs

- Quand le groupe nominal est au pluriel, on ajoute la marque -s à la fin du nom et de l'adjectif.
des tortues marines – des phoques endormis
- Les mots en *eu*, *au*, *eau* prennent la marque -x au pluriel.
des beaux cheveux

JE M'ENTRAINE

J'identifie le singulier et le pluriel des GN

1. 1. ORAL Relève les déterminants qui indiquent le singulier.
ta – un – tes – cette – les – mon
2. Pour chacun, ajoute un nom.

2. 1. ORAL Relève les déterminants qui indiquent le pluriel.
cet – des – ces – la – ma – les
2. Pour chacun, ajoute un nom.

3. 1. Classe les déterminants selon qu'ils indiquent le singulier ou le pluriel.
ton – une – mes – la – des – ces – ce – tes – des
2. Pour chacun, ajoute un nom.

4. Classe les groupes nominaux selon qu'ils sont au singulier ou au pluriel.
a. la pluie – des fleurs – une flaque – les oiseaux
b. mes valises – une moule – ta tente – ce bateau

5. 1. Recopie les groupes nominaux en gras et entoure le déterminant.
a. Le jour se lève.
b. Les étoiles sont visibles.
c. La lune brille.
2. ORAL Indique si le GN est au singulier ou au pluriel.

6. Relève les groupes nominaux. Entoure les déterminants.
Les petits oiseaux ont construit un nid douillet.

154

7. 1. Dans chaque phrase, relève le groupe nominal et entoure le déterminant.
a. Ma trousse bleue est rangée.
b. Vos stylos noirs sont usés.
c. Ton cahier rose est neuf.
2. ORAL Indique si le GN est au singulier ou au pluriel.

8. Recopie les groupes nominaux. Entoure les déterminants et les marques de pluriel.
a. les marronniers fleuris
b. ces bons copains
c. les barrières rouges
d. nos grands toboggans
e. des bateaux téléguidés
f. leurs sacs colorés

9. 1. Recopie les groupes nominaux. Entoure les déterminants et les marques de pluriel.
a. des sifflets – les planches – tes souliers – mes écharpes
b. ces beaux sourires– les gestes amusants – des comédiens comiques
2. Écris les GN au singulier.

Je manipule les GN au singulier et au pluriel

10. ☆ 1. Écris les GN au pluriel.
a. une sardine – le saumon – cette rascasse – mon filet
b. la baleine bleue – une raie tranquille – ce requin affamé – la truite argentée
2. Entoure les déterminants et les marques de pluriel.

11. ☆ Transpose les GN au singulier ou au pluriel.
un hélicoptère – des avions – des passerelles – une hélice

12. Choisis l'adjectif qui convient.
a. Les voiles (blanche/blanches) sont salies.
b. Les poissons (brillants/brillant) frétillent.
c. Tu manges des huitres (chaudes/chaude).

13. ☆ 1. Choisis le GN qui convient au déterminant.
a. cette
murènes cachées — murène cachées — murène cachée — murènes cachée
b. des
énorme thon — énormes thon — énormes thons — énorme thons
2. Entoure les déterminants et les marques de pluriel.

14. Écris un GN pour chaque image.

15. DICTÉE PRÉPARÉE
Relève les groupes nominaux. Entoure les marques de pluriel.
Les phoques s'appellent aussi des veaux marins. Ils perçoivent les changements de l'eau et mangent des petits poissons. Grâce à leurs moustaches, les phoques distinguent les proies qui s'approchent.

ORTHOGRAPHE

LES ACCORDS DANS LE GROUPE NOMINAL 155

Des étoiles pour **différencier**

Les ressources du manuel numérique

GRATUIT !
Manuel numérique enseignant offert
sous réserve d'équiper 100% de la classe en manuels papier ou numériques, avec un minimum de 15 manuels élèves

Un manuel numérique enrichi pour animer et personnaliser vos séances !

DES TEXTES AUDIO

- Des **textes du manuel lus par des comédiens** (fables, récits, poèmes, théâtre...) et des **chansons**, des **génériques**.

DES TEXTES SUPPLÉMENTAIRES

- Des **extraits de texte** ou **des textes intégraux** en écho à ceux du manuel : des œuvres classiques ou patrimoniales.

DU MATÉRIEL PHOTOCOPIABLE

- Des **fiches à imprimer** (activités, dialogues, tableaux, grilles pour le carnet de lecture...)

DES OUTILS POUR VIDÉOPROJETER ET PERSONNALISER

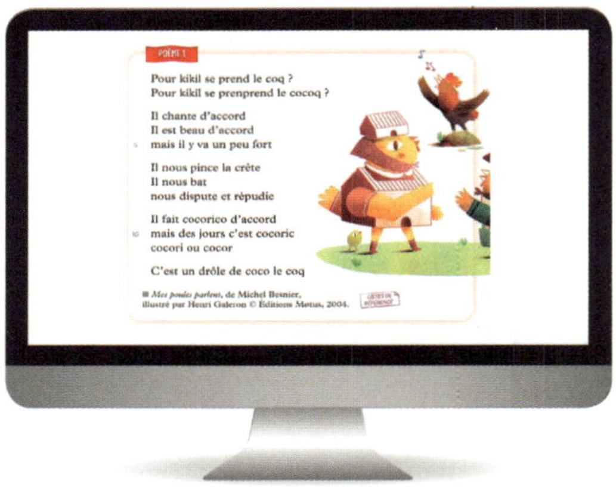

- **Zoom** et affichage plein écran de chaque document
- Une **navigation** facilitée : sommaire interactif, recherche par mots-clés, marque-pages
- Une **personnalisation** possible grâce aux annotations
- Un outil de **création de cours** à partir de documents personnels et de ceux du manuel

FRANÇAIS Mandarine CE1

LANGAGE ORAL • LECTURE ET COMPRÉHENSION • ÉCRITURE • ÉTUDE DE LA LANGUE

Sous la direction de **Françoise Lagache**
professeure agrégée de Lettres Modernes

Emeline Berthe
Professeure des écoles

Aude Hoppeler
Maitre formatrice

Lucie Lepeigné
Professeure des écoles

Marion Poulain
Professeure des écoles

Chloé Saint-Pol
Professeure des écoles

Clémence Touzard
Professeure des écoles

Cette publication est conforme à la nouvelle orthographe
www.orthographe-recommandee.info

Cet ouvrage est rédigé avec l'orthographe recommandée par le ministère de l'Éducation nationale.

Hatier

SOMMAIRE

LANGAGE ORAL, LECTURE ET COMPRÉHENSION, ÉCRITURE

TI Texte intégral

PÉRIODE 4. THÈME • LA NATURE

Chapitre 7 • Des jardins mystérieux

Chapitre 8 • Au fil des saisons

PÉRIODE 5. THÈME • LES VOYAGES

Chapitre 9 • Les amis voyageurs

Chapitre 10 • *L'île aux pirates*, Arnaud Alméras — ŒUVRE INTÉGRALE

Atelier •

DES ATELIERS D'ÉCRITURE

DES ATELIERS D'ORAL

SOMMAIRE

ÉTUDE DE LA LANGUE

LES LETTRES ET LES SONS *Passer de l'oral à l'écrit*

LEXIQUE ET ORTHOGRAPHE LEXICALE *Construire le lexique et s'initier à l'orthographe lexicale*

GRAMMAIRE *Se repérer dans la phrase simple*

Mes outils

ISBN : 978-2-401-05368-7

PROPOSITION DE PROGRESSION ANNUELLE EN ÉTUDE DE LA LANGUE

LES LETTRES ET LES SONS | LEXIQUE ET ORTHOGRAPHE LEXICALE | GRAMMAIRE | ORTHOGRAPHE | LE VERBE ET SES CONJUGAISONS

Période	Contenus étudiés	Compétences travaillées
PÉRIODE 1	1 Les sons [p]/[b] et [t]/[d] 104	Discriminer des sons proches et les écrire.
	2 Les sons [k]/[g] et [ʃ]/[ʒ] 105	Discriminer des sons proches et les écrire.
	19 La phrase 132	Identifier la phrase (sens et ponctuation). Compter les phrases d'un texte.
	20 Le verbe de la phrase 134	Identifier le verbe de la phrase (il change selon le temps et la personne).
	35 L'infinitif du verbe 162	Trouver l'infinitif d'un verbe conjugué pour connaitre son groupe.
	21 Le sujet du verbe 136	Comprendre la fonction sujet dans la phrase et savoir l'identifier.
	36 Le radical et les terminaisons 163	Comprendre que le radical du verbe donne le sens et que la terminaison change selon la personne du sujet.
	38 Le présent des verbes du 1er groupe 168	Aborder la notion de conjugaison. Connaitre les marques de personnes au présent.
	3 La lettre S 106	Lire et écrire la lettre *s*. La repérer quand elle ne s'entend pas (pluriel des noms ou terminaisons verbales du présent : *-es* / *-ons*).
	15 Les familles de mots 126	Saisir la notion de famille de mots à partir d'un mot de base.
PÉRIODE 2	27 Les trois types de phrases 148	Identifier la phrase quel que soit son type : déclaratif, interrogatif, impératif.
	37 La relation sujet-verbe 164	Comprendre la relation de sens entre le sujet et le verbe dans la phrase. Identifier l'accord entre les deux constituants.
	39 Le présent des verbes *être* et *avoir* 169	Mémoriser le présent des verbes *être* et *avoir*.
	4 La lettre C 108	Lire et écrire la lettre *c*. Comprendre la terminaison *-çons* des verbes du 1er groupe au présent.
	5 La lettre G 110	Lire et écrire la lettre *g*. Comprendre la terminaison *-geons* des verbes du 1er groupe au présent.
	23 Le groupe nominal : le nom et les déterminants 140	Identifier l'unité du GN : déterminant + nom. Repérer le nom propre.
	24 L'adjectif qualificatif 142	Identifier l'adjectif qualificatif et comprendre son rôle dans le GN. Découvrir l'accord orthographique déterminant-nom-adjectif qualificatif.
	30 L'accord en nombre : singulier ou pluriel .. 154	Distinguer et identifier le singulier et le pluriel des noms. Repérer les chaines d'accords en nombre dans le GN. Écrire les accords en nombre dans le GN.
	31 L'accord en genre : masculin ou féminin .. 156	Distinguer et identifier le masculin et le féminin. Repérer les chaines d'accords en genre dans le GN. Écrire les accords en genre dans le GN.
	40 Le présent des verbes *faire*, *aller*, *dire*, *venir* 170	Mémoriser la conjugaison des verbes *faire*, *aller*, *dire*, *venir* au présent et repérer des régularités.

LANGAGE ORAL

LECTURE ET COMPRÉHENSION

ÉCRITURE

THÈME • LES ANIMAUX

1

Des bêtes pas si bêtes

ALBUM - FABLE - DOCUMENTAIRE

Charade

Mon premier est un animal qui porte des bois.
Mon deuxième est un animal qui fait la roue.
Mon tout est un reptile.
Qui suis-je ?

Pour commencer

- Résous la charade.
- Invente une charade pour un autre animal : chameau – baleine – pinson – corbeau…

MANUEL INTERACTIF
- *Le texte à photocopier*
- *Les images et les bulles pour l'atelier*
- *Le texte lu par un comédien*

Le plus beau des hamacs

C'est l'été, le soleil brille !

Marius le chat va en profiter pour lire un peu dans son nouveau hamac. Au fond de son jardin, il trouve deux arbres plantés juste à la bonne distance. Quelle chance !

Oui, la distance est bonne… mais les arbres sont trop fins. Marius se retrouve par terre ! Zut ! Il n'avait pas pensé à ça.

Mais Marius n'a pas dit son dernier mot. Il va chercher une grosse citrouille. Drôle d'idée… Que veut-il faire ?

Il dépose la citrouille dans le hamac.

Les arbres se rejoignent à nouveau. Puis Marius grimpe sur une échelle… et il s'allonge sur les feuilles des arbres.

En voilà un hamac original !

LISTES DE RÉFÉRENCE

Vocabulaire pour mieux lire

1 Qu'est-ce qu'un *hamac* ?
Utilise les images pour répondre.

2 Qu'est-ce qu'une *drôle d'idée* (l. 8) ?

A une idée bizarre

B une idée amusante

3 *Marius n'a pas dit son dernier mot.* (l. 7)
Que signifie cette phrase ?

Je comprends

4 Que veut faire Marius au début de l'histoire ?

5 Quel problème rencontre-t-il ?

6 Quelle solution trouve-t-il ?

7 STRATÉGIE : Je fais des liens.
En voilà un hamac original ! (l. 12)
Pourquoi le hamac de Marius est-il *original* ?

8 ☆ Explique ce que signifie le titre de l'histoire.

Entre les lignes

9 ☆ Pour chaque image, choisis l'adjectif qui convient à la situation de Marius.

chanceux — déçu — inventif — satisfait

Je lis à voix haute

10 Lis le texte en tenant compte de la ponctuation.

,	Petite pause dans la phrase.
.	En fin de phrase, pause plus longue. La voix descend.
...	Pour laisser la phrase en suspens. Pause plus longue que le point.
?	Pour poser une question. La voix monte.
!	Pour exprimer un sentiment : joie, surprise, déception...

Atelier • ÉCRIRE LES PAROLES D'UN PERSONNAGE

À DEUX Pour chaque image, écrivez une phrase que pourrait dire Marius.

COMMENT FAIRE ?

Chaque binôme dispose des images et des quatre bulles découpées.

ÉTAPE **1** Relisez l'histoire.

ÉTAPE **2** Oralement, imaginez ce que peut dire Marius quand il trouve les deux arbres (première image).

ÉTAPE **3** Mettez-vous d'accord sur cette première phrase et écrivez-la au brouillon.

ÉTAPE **4** Procédez de la même façon pour les trois autres images.

ÉTAPE **5** À tour de rôle, recopiez soigneusement chaque phrase dans sa bulle.

TEXTE INTÉGRAL

MANUEL INTERACTIF
- Le texte à photocopier
- La fable lue par un comédien
- Le générique de Zorro

Zébro

Zébro a volé un radis
Dans le jardin du vieux Jo.
Jo l'a attrapé et lui a dit :
– Je vais te mettre en prison.
Zébro a dit à Jo :
– Je n'ai pas besoin de barreaux,
J'en ai déjà plein le dos !
Jo a dit : – Tu as raison !
Alors Zébro a décampé
Avec sa cape et son chapeau
Et avec son épée,
A tracé sur la porte de Jo
Un grand zèbre qui veut dire Zébro !

Autant Zébro se croit héros,
Autant Jo
Se sent idiot !

■ *Il était une fable*, Pascal Teulade

Vocabulaire pour mieux lire

1 Combien de vers y a-t-il dans cette fable ?

2 STRATÉGIE : Je comprends le sens d'un mot inconnu.
Quel est le sens du verbe *décamper* (vers 9) ?

3 Que signifie l'expression familière *en avoir plein le dos* (vers 7) ?

Je lis à voix haute

4 À SEIZE À tour de rôle, lisez chacun un vers en les enchainant de manière fluide.
- Sur le texte photocopié, chacun surligne le vers qu'il doit lire.
- Entrainez-vous à enchainer les vers.

Je comprends

5 **a.** Qui sont les deux personnages de la fable ?
b. Au vers 12, quel personnage trace un zèbre sur la porte ?

6 Recopie les deux phrases dites par Jo.

7 Aux vers 6-7, pourquoi Zébro dit-il :
Je n'ai pas besoin de barreaux,
J'en ai déjà plein le dos.

8 Explique comment l'auteur a créé le nom *Zébro*.

9 À DEUX Relevez tous les mots qui se terminent par le son [o] comme dans *Zébro*.

10 ☆ Raconte l'histoire de Jo et Zébro avec tes propres mots.

11 ☆ Selon toi, pourquoi Jo se sent-il *idiot* (vers 16) ?

Entre les lignes

12 Observe l'illustration et lis la présentation de Zorro.

Zorro est un personnage de film très célèbre. Il vient en aide aux pauvres et combat les injustices. Personne ne sait qui il est, mais, chaque fois qu'il a réparé une injustice, il trace un « Z » du bout de son épée.

Retrouve dans la fable tout ce qui fait penser au personnage de Zorro.

Échanger

13 Pour toi, qu'est-ce qu'un héros ? Zébro est-il un héros ?

MANUEL INTERACTIF · *La fiche pour l'atelier*

Une vie de chat

Le chat

Le chat est un animal domestique.
C'est un mammifère.

Son aspect physique

En moyenne, le chat pèse 4 kg et mesure 50 cm sans la queue.
Il a une fourrure qui le protège du froid. Ses moustaches lui permettent d'éviter les obstacles dans le noir. Le chat peut sortir et rentrer ses griffes, on dit qu'elles sont rétractiles. Sous ses pattes, il a des coussinets pour amortir les chocs.

Son alimentation

Le chat est carnivore : il mange surtout de la viande (souris, oiseaux...) ou des croquettes et de la pâtée.

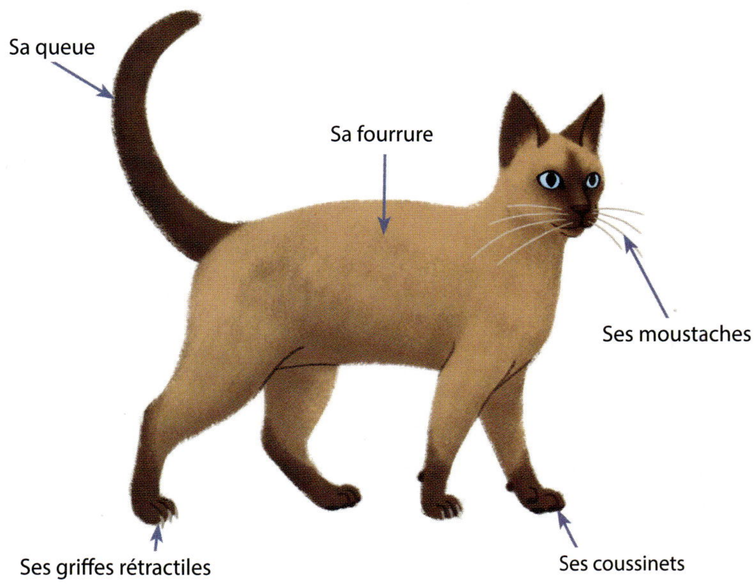

Son habitat

Le chat possède son territoire, qu'il marque en urinant sur les arbres et en laissant des traces de griffes.

Sa reproduction

Les chattes peuvent avoir des petits dès 10 mois. Elles ont entre 2 et 6 petits par portée. La mère les allaite pendant plusieurs semaines. Vers 4 mois, les chatons commencent à chasser seuls.

Son déplacement

Le chat a un très bon équilibre grâce à sa queue. Il grimpe facilement aux arbres avec ses griffes. Le chat retombe toujours sur ses pattes.

Vocabulaire pour mieux lire

1. Trouve l'adjectif *domestique* dans le dictionnaire. Que signifie-t-il ?
   Donne des exemples d'animaux domestiques.
2. Qu'est-ce qu'un *mammifère* ?
   À DEUX Trouvez le plus d'animaux mammifères possible.
3. ☆ **a.** Que signifient les abréviations *kg* et *cm* ?
   b. Quel est le poids du chat ? Quelle est sa taille ?
4. *La mère les allaite pendant plusieurs semaines*.
   Que signifie le verbe *allaiter* ?
5. L'adjectif *rétractiles* est utilisé deux fois dans la page.
   Que signifie-t-il ?

Je comprends

6. À quoi sert cette page documentaire ?
7. ☆ Quelles sont les deux informations les plus importantes sur le chat ?
   Comment sont-elles mises en valeur ?
8. À quoi servent les illustrations ?
9. ☆ *Les chats vivent dehors ou chez leur maitre.*
   Si on voulait ajouter cette information, dans quelle rubrique faudrait-il l'écrire ?

J'écris

10. **À DEUX** Choisis une question sur le chat à poser à ton camarade (la réponse doit se trouver dans le document).
    - Écris-la.
    - Pose ta question et écris la réponse de ton camarade.
    - Vérifiez la réponse ensemble dans le document.
    - Inversez les rôles.

Atelier • RÉALISER UNE PAGE DOCUMENTAIRE

À DEUX À partir de la fiche photocopiée, créez une page documentaire sur un animal imaginaire.

COMMENT FAIRE ?

ÉTAPE 1 Imaginez :
- son aspect physique : carapace – griffes – poils...
- son habitat : grotte – arbre – rocher...
- son mode de déplacement : voler – ramper – nager...

ÉTAPE 2 Donnez-lui un nom.

ÉTAPE 3 Dessinez-le.

ÉTAPE 4 Rédigez votre page documentaire et collez votre dessin.

JE LIS DE MIEUX EN MIEUX

1 **Lis les mots à voix haute aussi vite que tu peux.**

moqueur	chameau	mammifère	reptile	coussinet
zèbre	domestique	alimentation	fourrure	carnivore
voler	baleine	carapace	griffe	chasser
sanglier	corbeau	reproduire	territoire	allaiter
hamac	serpent	ensoleillé	héros	rétractile

2 **Lis ces virelangues en articulant bien.**

- Cinq chiens chassent six chats.
- Trois tortues trottaient sur un trottoir très étroit.
- Son chat chante sa chanson.
- Un chasseur sachant chasser doit savoir chasser sans son chien.
- Trois gros rats gris dorment dans trois gros trous très creux.

3 **Lis la fable en insistant sur les mots en gras.**

Une renarde qui avait mis au monde plusieurs renardeaux se moquait d'une lionne :
– Toi, tu ne fais naitre **qu'un seul petit** ! lui disait-elle.
– Oui, un seul, répliqua la lionne. **Mais c'est un lion !**
La fable montre que ce n'est pas la ***quantité*** *qui est importante, mais la* ***qualité****.*

■ Ésope, « La Lionne et la Renarde ».

JE JOUE AVEC LES MOTS

4 **Retrouve le plus possible de noms de bébés d'animaux en regroupant les syllabes.**

Noms en 2 syllabes

lion	our	pou	che
lain	ceau	vreau	son

☆ **Noms en 2 ou 3 syllabes**

lou	nar	teau	cha
re	ve	deau	ton

THÈME • LES ANIMAUX

2

Les musiciens de Brême

Les frères Grimm
Illustrations de Perceval Barrier

LIRE UN CONTE

Il était une fois un âne qui, pendant de longues années, avait porté des sacs au moulin. De jour en jour, il était de moins en moins capable de travailler. Son maitre songeait à s'en débarrasser, mais l'âne s'en aperçut et s'échappa. Il prit la route de Brême : « Là, pensait-il, je pourrai devenir musicien de la ville. »

••• suite page 18

Pour commencer

- Pourquoi l'âne s'enfuit-il de chez lui ?
- Où veut-il aller ? Pour quoi faire ?

LIRE UN CONTE

ŒUVRE INTÉGRALE

MANUEL INTERACTIF
- Le texte lu par un comédien
- Le dialogue à photocopier pour l'atelier

Les musiciens de Brême (1)

début du texte page 17

L'âne marchait depuis quelque temps déjà lorsqu'il vit un chien de chasse qui haletait comme s'il avait couru.

– Pourquoi es-tu si essoufflé, camarade ? lui dit-il.

– Ah ! répondit le chien, je suis vieux et je ne peux plus chasser. Mon maitre s'apprêtait à me tuer, alors je me suis sauvé. Maintenant, comment vais-je faire pour gagner mon pain ?

– Eh bien, je vais te dire comment ! reprit l'âne. Je vais à Brême pour devenir musicien de la ville. Tu peux venir avec moi et accompagner ma musique. Pendant que je jouerai du luth[1], tu joueras du tambour.

Le chien accepta et ils firent route ensemble.

Peu de temps après, ils trouvèrent un chat qui avait une mine triste comme un jour de pluie.

– Pourquoi es-tu si chagrin, vieux Matou ? demanda l'âne.

– Maintenant que j'ai pris de l'âge, je préfère m'étendre et ronronner près du poêle plutôt que courir après les souris, répondit le chat. Alors, ma maitresse a voulu me noyer. Je me suis sauvé à temps, mais maintenant, où aller ?

– Viens avec nous à Brême ; tu seras musicien de la ville, comme nous.

Le chat apprécia la proposition et partit avec eux.

suite page 20

Les mots difficiles

1. luth : instrument qui ressemble à une guitare.

Vocabulaire pour mieux lire

1 *une mine triste* (l. 12-13)

a. Remplace le nom *mine* par un synonyme.

b. Utilise le nom *mine* dans une phrase où il aura un autre sens.

c. Trouve dans la suite de l'extrait un synonyme de *triste*.

2 ☆ Explique le sens de l'expression *pour gagner mon pain* (l. 6).

Je comprends

3 Quels personnages l'âne rencontre-t-il ?

4 Dans quelle situation se trouvent les trois animaux ?

5 Quelle proposition l'âne fait-il aux animaux qu'il rencontre ?

6 Les deux animaux acceptent-ils la proposition de l'âne ?

Recopie les deux phrases qui le disent.

Entre les lignes

7 *Viens avec nous à Brême ; tu seras musicien de la ville, comme nous.* (l. 19-20)

Qui parle ? Justifie ta réponse.

8 STRATÉGIE : Je cherche dans le texte.

À Brême, les animaux vont-ils jouer séparément ou ensemble ?

Justifie ta réponse.

Atelier • LIRE UN DIALOGUE

À DEUX Lisez le dialogue entre l'âne et le chien (l. 3 à 10) en mettant le ton.

COMMENT FAIRE ?

ÉTAPE 1 Répartissez-vous les rôles.

ÉTAPE 2 Surlignez les paroles de votre personnage.

Barrez *dit l'âne*, *répondit le chien* et *reprit l'âne* : vous ne devez pas le lire.

ÉTAPE 3 Entrainez-vous à lire les paroles de votre personnage. Lisez le texte dans votre tête puis à voix haute.

ÉTAPE 4 Entrainez-vous à deux à enchainer les répliques.

MANUEL INTERACTIF · *Le texte lu par un comédien*

Les musiciens de Brême (2)

●●● suite de la page 18

Bientôt les trois vagabonds passèrent devant une cour. Un coq qui chantait haut et fort était perché sur la porte.

– Qu'as-tu donc à chanter de la sorte ? dit l'âne.

– Ma maitresse a dit à la cuisinière de me faire bouillir pour la soupe. Alors, je crie de tout mon corps pendant qu'il me reste encore un souffle de vie.

– Tu ferais mieux de venir à Brême avec nous, Chantecler. Tu as une voix puissante et lorsque nous ferons notre numéro, ce sera splendide.

Le coq trouva la proposition à son gout, et ils continuèrent le chemin à quatre. Mais il ne leur était pas possible d'atteindre la ville de Brême en un seul jour.

Le soir, ils arrivèrent près d'une forêt où ils décidèrent de passer la nuit. Le coq se percha sur un arbre.

Avant de s'endormir, comme il promenait son regard aux alentours[1], le coq vit briller une petite lumière dans le lointain. Il appela ses compagnons et leur dit qu'il devait y avoir une maison pas très loin.

– S'il en est ainsi, dit l'âne, allons-y ; ici l'auberge n'est pas très confortable !

Ils se mirent en route et arrivèrent devant une maison bien éclairée, qui n'était rien d'autre que le repaire[2] d'une bande de brigands[3].

●●● suite page 22

Les mots difficiles

1. aux alentours : autour de lui.
2. repaire : endroit où les brigands se cachent.
3. brigands : voleurs.

Vocabulaire pour mieux lire

1 Comment les animaux sont-ils désignés à la ligne 1 ?
Cherche la définition de ce mot dans ton dictionnaire. Recopie-la.

2 ☆ *ici l'auberge n'est pas très confortable* (l. 19-20)
Qu'est-ce qu'une *auberge* ?
Les animaux sont-ils vraiment dans une auberge ?

Je comprends

3 Quel nouvel animal rejoint les autres animaux ?
Quel point commun a-t-il avec eux ?

4 Quel rôle ce nouvel animal va-t-il jouer auprès des musiciens ?

5 STRATÉGIE : J'utilise mes connaissances.
À Brême, les musiciens ont-ils l'intention de jouer pour eux-mêmes ou devant un public ?
Justifie ta réponse.

6 Où les animaux décident-ils de passer la nuit ?

7 Où le coq s'est-il installé pour dormir ?
Que découvre-t-il ?

8 ☆ *une maison bien éclairée, qui n'était rien d'autre que le repaire d'une bande de brigands* (l. 21 à 23)
Cette expression signifie que :
A la maison est un repaire de brigands.
B la maison n'est pas un repaire de brigands.

Entre les lignes

9 Pourquoi les animaux se dirigent-ils vers la maison ?

Échanger

10 Imaginez tout ce qui pourra se passer quand les animaux arriveront au repaire des brigands.

MANUEL INTERACTIF • *Le texte lu par un comédien*

Les musiciens de Brême (3)

••• suite de la page 20

Comme l'âne était le plus grand, il s'approcha de la fenêtre et regarda à l'intérieur.

– Que vois-tu ? demanda le coq.

– Ce que je vois ? répondit l'âne, une table chargée de mets[1] et de boissons, et assis tout autour, des brigands qui s'en donnent à cœur joie. Ah ! si seulement nous étions à leur place !

Les quatre compagnons réfléchirent au moyen de chasser les brigands. Ils eurent une idée : l'âne appuya ses pattes sur le bord de la fenêtre, le chien sauta sur son dos, le chat grimpa sur le chien et le coq se percha sur la tête du chat.

Au signal donné, l'âne se mit à braire, le chien aboya, le chat miaula et le coq chanta. Sur ce, ils s'élancèrent dans la pièce en passant à travers la fenêtre dans un fracas de vitres brisées.

En entendant ce bruit épouvantable, les voleurs s'enfuirent dans la forêt.

Alors les quatre compagnons s'assirent à table, et dévorèrent tout ce qui restait.

Ensuite, les quatre musiciens éteignirent les lumières et chacun chercha le meilleur endroit pour dormir. L'âne se coucha sur le fumier, le chien derrière la porte, le chat dans la cheminée et le coq sur une poutre.

●●● suite page 24

Les mots difficiles

1. mets : aliments préparés pour le repas.

Vocabulaire pour mieux lire

1. Donne un synonyme du nom *fracas* (l. 13).
2. Quel animal du conte miaule ? Lequel aboie ? Lequel chante ? Lequel brait ?
3. ☆ Les brigands *s'en donnent à cœur joie* (l. 5-6) : décris ce qui se passe dans la maison.
4. ☆ Quelle est la différence de sens entre *dévorèrent* (l. 16) et *mangèrent* ?

Je comprends

5. Pourquoi l'âne est-il choisi pour regarder par la fenêtre ? Que voit-il ?
6. **a.** Comment les animaux s'y prennent-ils pour chasser les brigands ?
   b. STRATÉGIE : Je cherche dans le texte. Réussissent-ils à les chasser ?
7. Que font les animaux après le départ des brigands ?
8. ☆ Le repaire des brigands est-il une meilleure *auberge* que la forêt ?

Entre les lignes

9. Que ressent l'âne lorsqu'il voit les brigands autour de la table (l. 4 à 6) ?

Atelier ● JOUER UNE SCÈNE

À HUIT Jouez la scène du stratagème des animaux (l. 11 à 15).

COMMENT FAIRE ?

ÉTAPE 1 Répartissez-vous les rôles : l'âne, le chien, le chat, le coq, les brigands.

ÉTAPE 2 Créez un décor. Par exemple, une fenêtre en carton. Les animaux seront d'un côté, les brigands de l'autre.

ÉTAPE 3 Entrainez-vous à reproduire le cri de votre animal puis à crier tous ensemble.

ÉTAPE 4 Répétez la scène : les brigands s'enfuient lorsqu'ils entendent les animaux crier.

MANUEL INTERACTIF
- *Le texte lu par un comédien*
- *Le tableau à photocopier pour la question 6*

Les musiciens de Brême (4)

••• suite de la page 22

Après minuit, les voleurs virent qu'il n'y avait plus de lumière dans leur maison. Le capitaine commanda à l'un de ses compagnons d'aller y jeter un coup d'œil.

Arrivé dans la cuisine, celui-ci voulut raviver les braises de la cheminée pour faire de la lumière, mais le chat lui sauta au visage et le griffa. Terrorisé, l'homme courut vers la porte, mais le chien le mordit à la jambe. Puis, comme il passait près du fumier, l'âne lui envoya de violents coups de sabots. Alors, le coq lança son cri du haut de la poutre : « Cocoricoooooo ! »

Le voleur courut à toutes jambes vers son capitaine et dit :

– C'est terrible ! Dans notre maison, il y a une horrible sorcière qui m'a griffé avec ses longs doigts crochus. Devant la porte, il y a un homme avec un couteau : il l'a enfoncé dans ma jambe. Dans la cour, un monstre noir m'a donné un coup avec sa massue. Et tout en haut, sur le toit, un juge a crié : « Amenez-moi ce coquin[1] ! »

Depuis lors, les brigands n'osèrent plus s'aventurer dans la maison, et les quatre musiciens de Brême s'y plurent tant qu'ils y restèrent.

FIN

Les mots difficiles

1. ce coquin : ce bandit.

■ *Les Musiciens de Brême*, Les frères Grimm, d'après *Hansel et Gretel et autres contes*, éditions Hatier, coll. « Classiques et Cie école », 2018.

Vocabulaire pour mieux lire

1 Donne un synonyme de *commanda* (l. 2).

2 Dans le premier paragraphe, quel nom remplace le mot *brigands* ?

3 À DEUX Remplacez par des expressions synonymes ces deux expressions :
– *jeter un coup d'œil* (l. 3) ;
– *courir à toutes jambes* (l. 10).

Je comprends

4 ☆ Pour quelle raison les brigands décident-ils de revenir dans leur maison ?

5 STRATÉGIE : Je cherche dans le texte.
Le capitaine est-il certain qu'il n'y a plus personne dans la maison ?

6 Complète le tableau photocopié.

Animal	Lieu où il se trouve	Ce qu'il fait
Le chat		
Le chien		
L'âne		
Le coq		

7 ☆ Selon le brigand, quel animal est :
A un monstre noir
B une horrible sorcière
C un juge
D un homme avec un couteau

8 Pourquoi les brigands n'osent-ils plus s'aventurer dans la maison ?

9 Qu'ont décidé les animaux à la fin de l'histoire ?
À ton avis, pourquoi ?
Penses-tu qu'ils aient raison ?

Entre les lignes

10 Selon toi, pourquoi n'est-ce pas le capitaine qui va dans la maison au début de l'extrait ?

Atelier • ÉCRIRE UN ÉPILOGUE

À la fin d'une histoire, on trouve parfois un épilogue : c'est un petit texte qui raconte ce qui s'est passé après la fin de l'histoire.

Imagine la vie des animaux dans la maison et écris un court texte pour la raconter.

COMMENT FAIRE ?

ÉTAPE 1 Trouve une occupation pour chaque animal.

ÉTAPE 2 Au brouillon, écris une phrase pour expliquer comment chaque animal s'occupe (essaye de ne pas utiliser le verbe *faire*).

ÉTAPE 3 Écris ton récit en suivant la trame :

Les animaux étaient heureux dans leur maison.
Chaque jour, l'âne ...
De son côté, le chat ...
Le chien, lui, préférait ...
Quant au coq, il ...

ÉTAPE 4 Illustre ton texte.

JE LIS DE MIEUX EN MIEUX

1 **Lis les mots à voix haute aussi vite que tu peux.**

âne chat coq chien coquin	braire miauler chanter aboyer crier	brigand voleur compagnon capitaine juge	musicien luth tambour chanteur orchestre	travailler s'aventurer courir s'enfuir griffer

2 **Lis les cris des animaux à toute vitesse. Retrouve le nom des animaux.**

HI HAN — COIN COIN — MIAOU — OUAF OUAF

COCORICO — COA COA — AOUUUUH — CUI CUI

COT COT COT — MEUH MEUH — BÊÊÊ — HOU HOU

3 **Lis en mettant le ton : montre la peur du personnage.**

– C'est terrible ! Dans notre maison, il y a une horrible sorcière qui m'a griffé avec ses longs doigts crochus. Devant la porte, il y a un homme avec un couteau : il l'a enfoncé dans ma jambe. Dans la cour, un monstre noir m'a donné un coup avec sa massue. Et tout en haut, sur le toit, le juge a crié : « Amenez-moi ce coquin ! »

■ *Les Musiciens de Brême*, Les frères Grimm, d'après *Hansel et Gretel et autres contes*, éditions Hatier, coll. « Classiques et Cie école », 2018.

CARNET DE LECTURE

JE DÉCOUVRE D'AUTRES HISTOIRES D'ANIMAUX

Le Cochon dans l'escalier
de Christian Oster,
illustré par Thomas Baas
(Gallimard jeunesse, Folio cadet, 2018)

La famille royale ne sait plus que faire. Il y a un cochon dans l'escalier et il parle. Pire : il veut prendre la place du roi !

MacPat le chat chanteur
de Julia Donaldson,
illustré par Axel Scheffler
(Gallimard jeunesse, Folio cadet, 2013)

Paddy MacPat chante dans la rue accompagné du musicien Fred. Un jour, MacPat et Fred sont séparés. MacPat regrette son ami.

THÈME • LA NOURRITURE

3

Drôles de menus !

DOCUMENTAIRE - THÉÂTRE - ROMAN

Menu

Lundi 5 novembre

Déjeuner

Potage à la courgette et aux pommes de terre
Lasagnes bolognaise et salade verte
Banane rôtie au miel

Bon appétit !

Pour commencer

- Quels sont l'entrée, le plat et le dessert qui composent ce menu ?
- Écris ton menu préféré.

Gâteaux à croquer

Le paradis des gâteaux

Les gâteaux, c'est pas de la tarte ? Si, justement ! La plupart sont très faciles à faire. Tu mélanges, tu mets au four… et tu n'en peux plus d'attendre tellement ça sent bon !

Un vaste monde

De la farine, du sucre, des œufs, de la matière grasse, sans oublier un peu de levure pour faire gonfler... À ces ingrédients de base, tu peux ajouter épices, chocolat, fruits frais, secs ou confits... Le monde des gâteaux est à toi !

Un rêve de goûter raffiné.

Le gâteau doré

Pour 4 personnes

- **150 g de farine**
- **150 g de sucre**
- **2 cuillères à café de levure chimique**
- **3 œufs**
- **100 ml d'huile**
- **beurre pour le moule**

1. Allume le four à 210 °C / th 6 (chaleur moyenne).

2. Dans un saladier, mélange la farine, le sucre, la levure. Casse et verse les 3 œufs entiers.

3. Mélange bien, puis ajoute l'huile. Mélange à nouveau.

4. Beurre un moule rond à bords hauts (moule à manqué) et verses-y la préparation.

5. Mets au four et laisse cuire 45 minutes.

Claudine Roland, Didier Gros Jean, *Copain de la cuisine* © Éditions Milan.

Vocabulaire pour mieux lire

1 *C'est pas de la tarte* est une expression familière qui signifie :

A Ce n'est pas facile.

B Ce n'est pas un dessert.

2 *Tu n'en peux plus d'attendre* signifie :

A Tu as décidé de ne plus attendre.

B C'est difficile d'attendre.

3 **Les abréviations**

g signifie *gramme*.

ml signifie *millilitre*.

°C et **th** indiquent la température du four.

°C se lit *degrés*.

th se lit *thermostat*.

a. Repère à quels endroits de la recette ces abréviations sont utilisées.

b. En connais-tu d'autres ?

Je comprends

LA PAGE DOCUMENTAIRE

4 Montre avec ton doigt les deux parties de la page documentaire.

5 Quel est le titre de cette page ? Explique pourquoi il convient aux deux parties.

6 Quelle image est une illustration ? Laquelle est une photo ?
Décris les deux images.

LA RECETTE

7 a. À quoi sert une recette ?
☆ b. Quelles informations sont nécessaires pour la réussir ?

8 STRATÉGIE : J'utilise mes connaissances.
Pourquoi les paragraphes sont-ils numérotés de 1 à 5 ?

9 a. Les phrases sont-elles déclaratives, interrogatives ou impératives ?
Explique pourquoi.
b. Relève les verbes.

10 Quels sont les ingrédients du gâteau doré ?

11 Indique à quelle étape chaque ingrédient va être utilisé.

Entre les lignes

12 ☆ Fais la liste des ustensiles nécessaires pour réaliser le gâteau doré.

13 Pourquoi le gâteau doré porte-t-il ce nom ?

J'écris

14 Choisis un ingrédient supplémentaire pour améliorer le gâteau doré.
Ajoute une étape à la recette (entre l'étape 3 et l'étape 4) pour introduire ton ingrédient.

MANUEL INTERACTIF
- Le texte lu par des comédiens
- Le texte à photocopier pour l'atelier
- La suite du texte pour la question 12

Une faim de renard

Renard a faim et il n'a rien à manger. Il a convaincu Blaireau de réaliser une soupe aux cailloux qu'ils dégusteront ensemble. Après avoir jeté des cailloux dans une marmite, il réclame une carotte puis un poireau que Blaireau s'empresse d'aller chercher dans sa maison.

RENARD *humant la mixture*[1] – Hmmm… Quel arôme[2] ! (*À Blaireau*) Naturellement ça serait meilleur avec un morceau de lard.

BLAIREAU – Vraiment ?

RENARD – Et comment !

Blaireau rentre dans sa maison et en ressort avec un morceau de lard, que Renard jette dans la marmite, avant de touiller la soupe avec une longue cuillère en bois, sous le regard gourmand de Blaireau. De temps en temps, il goute.

RENARD – C'est prêt ! Va chercher deux assiettes.

BLAIREAU, *au public* – Je suis impatient de gouter sa soupe aux cailloux ! Ça sent exactement comme une soupe au lard !

Blaireau revient avec deux assiettes et installe par terre un petit coin de piquenique. Il se noue une serviette au cou et attend. Renard sert la première assiette. Il y met le lard, la carotte et la pomme de terre (aucun bruit).

RENARD – En tant qu'invité, je me sers le premier.

■ Gérard Moncomble, Michel Piquemal, *La Soupe aux cailloux* in *Théâtre pour de rire, 18 pièces à monter en atelier de la GS au CE1* © Éditions Magnard.

LISTES DE RÉFÉRENCE

Les mots difficiles

1. **humant la mixture :** sentant le mélange.
2. **arôme :** odeur.

Je découvre une pièce de théâtre

1. Comment sait-on quel personnage parle ?
2. À quoi servent les passages en italique ?
3. À qui Blaireau s'adresse-t-il aux lignes 10-11 ?

Vocabulaire pour mieux lire

4. ☆ Relève les mots en rapport avec les odeurs.
5. Donne un synonyme du verbe *touiller* (l. 6) en langage courant.

Je comprends

6. Qui sont les personnages de la pièce ?
7. Où Renard et Blaireau préparent-ils la soupe aux cailloux ? Justifie ta réponse.
8. Qui a eu l'idée de la soupe aux cailloux : Renard ou Blaireau ?
9. **a.** Que donne Renard pour réaliser la recette de la soupe aux cailloux ?
   b. Que donne Blaireau ?
   c. Que penses-tu de cette répartition ?
10. STRATÉGIE : Je fais des liens.
    Blaireau croit-il vraiment qu'il va manger la soupe aux cailloux avec Renard ?
    Justifie ta réponse.

Entre les lignes

11. ☆ Dans cette histoire, Renard considère Blaireau comme :

un bon cuisinier

un ami — un idiot

J'écris

12. Écoute la fin de l'histoire.
    Imagine la réaction de Blaireau après cette scène.
    Écris les paroles qu'il adresse à Renard.

Atelier • MIMER UNE DIDASCALIE

À DEUX Relisez la didascalie des lignes 5 à 8, et mimez la scène.

COMMENT FAIRE ?

ÉTAPE **1** Sur le texte photocopié, tracez une barre après chaque action réalisée par un personnage (par exemple, tracez-en une après « maison »).

ÉTAPE **2** Trouvez un objet pour représenter le chaudron. Prenez un crayon pour la cuillère.

ÉTAPE **3** Action par action, mimez la scène.

ÉTAPE **4** Entrainez-vous à donner à votre représentation l'air le plus naturel possible.

LIRE UN EXTRAIT DE ROMAN

MANUEL INTERACTIF · *Le texte lu par des comédiens*

Menu enfant

Léa a enfin convaincu son père de l'emmener au Hit-Burger, alors qu'il ne veut jamais y aller. En arrivant devant la vitrine, son père découvre une affiche qui le met en colère.

J'ai lu l'affiche :

« Nouveau ! Menu garçon : les minifusées ! Menu fille : les minipoupées ! Collectionne-les ! » Non mais ! C'était quoi, cette idée de menu garçon et de menu fille, et juste aujourd'hui ? Ça allait tout faire rater !

Papa s'est agité sur le trottoir.

– Ce n'est quand même pas monsieur Hit-Burger qui va décider que ma fille aura une poupée parce qu'elle est une fille, et que mon garçon aura une fusée parce qu'il est un garçon !

J'ai essayé de le calmer :

– Papa, je te signale que tu n'as pas de garçon…

Je n'ai pas insisté. Je trouvais qu'il avait raison.

Surtout que je suis une fille qui déteste les poupées et qui adore les fusées. Mais je voulais quand même mon menu, moi !

– Papounet chéri, je leur dirai que je veux une fusée, je te jure.

Rassuré, Papa a accepté d'entrer.

– Que désirez-vous ? a demandé la serveuse.

– Pour moi, rien, a répondu papa avec une mine dégoutée. Pour mon enfant… un menu enfant.

■ Thierry Lenain, illustrations de Catherine Proteaux, *Menu fille ou menu garçon* © Nathan, 2018.

Vocabulaire pour mieux lire

1 À partir de quel verbe le nom *serveuse* (l. 19) a-t-il été créé ?
Donne le nom masculin correspondant.

2 *une mine dégoutée* (l. 20)
Trouve un synonyme du nom *mine*.

Je comprends

3 ☆ Quels sont les deux lieux du texte ?
Relève la phrase qui marque le passage de l'un à l'autre.

4 **a.** Qu'est-il écrit sur l'affiche ?
b. Que redoute Léa après l'avoir lue ?

5 Léa a-t-elle eu raison de craindre la réaction de son père ?

6 STRATÉGIE : Je fais des liens.
Pourquoi Léa dit-elle *et juste aujourd'hui* (l. 6-7) ?

7 **a.** Léa est-elle d'accord avec son père ?
Relève la phrase qui le dit.
b. Est-elle prête à renoncer à son menu ?

Entre les lignes

8 **a.** Comment le père de Léa la désigne-t-il à la ligne 10 ?
b. Comment la désigne-t-il à la ligne 21 ?
☆ **c.** Pourquoi utilise-t-il ce mot quand il s'adresse à la serveuse ?

Échanger

9 Selon toi, quel menu la serveuse va-t-elle donner à Léa ?
Que va-t-il se passer ensuite ?

10 Le Hit-Burger a-t-il raison de proposer des jouets différents pour les filles et pour les garçons ?

JE LIS DE MIEUX EN MIEUX

1 Lis les mots à voix haute aussi vite que tu peux.

casserole	marmite	agrémenter	caillou	détester
beurrer	cuisson	saladier	gourmand	minifusée
couteau	bouillon	régaler	chaudron	déguster
plateau	ingrédient	incorporer	bouillir	serveuse
recette	mixture	cuillère	arôme	piquenique

2 Lis les noms de plats à toute vitesse.

Un feuilleté au fromage — Un filet de cabillaud — Un gratin de chou-fleur — Un velouté de pois chiches — Un clafoutis à la cerise — Une brandade de morue — Un rôti de veau aux cèpes — Un flan aux pruneaux

3 Lis la réplique en étant le plus convaincant possible.

RENARD – Tu n'as jamais entendu parler de la soupe aux cailloux ? [...] Un régal, Blaireau, un régal ! Les cailloux d'ici donnent au bouillon un parfum délicieux. Et quand ils sont bien cuits, humm… ils fondent sur la langue comme de la mousse au chocolat !

■ Gérard Moncomble, Michel Piquemal, *La Soupe aux cailloux* in *Théâtre pour de rire, 18 pièces à monter en atelier de la GS au CE1* © Éditions Magnard.

JE JOUE AVEC LES MOTS

4 Pour découvrir la recette, retrouve les mots cachés.

Tarte aux

Ingrédients
6 pommes
15 g de sucre
1 pâte

Matériel
Une casserole
Un moule à tarte
Une fourchette

1. Épluche les et découpes-en quatre en morceaux.
2. Dans une , fais cuire les morceaux de pommes pour obtenir une compote.
3. Découpe les deux pommes restantes en fines .
4. Étale la pâte feuilletée dans un et pique-la avec une .
5. Dispose les lamelles de pommes en cercle.
6. Saupoudre le sur la tarte et mets-la au four pendant 30 minutes.

THÈME • LA NOURRITURE

4

À table !

LIRE DES BANDES DESSINÉES

Pour commencer

- Donne le nom de chaque personnage.
- Quel détail montre qu'il s'agit d'une vignette de bande dessinée ?

Les pâtes de l'angoisse

■ Nob, *La Cantoche*, *Premier service* © Bayard Éditions, 2016.

Les mots de la bande dessinée (BD)

Cette **planche** comporte 4 **vignettes** (4 images).

La **bulle** contient les paroles des personnages.

BZZZ !

Les **onomatopées** transcrivent les bruits.

Vocabulaire pour mieux lire

1. Que veut dire le titre de la bande dessinée : *Les pâtes de l'angoisse* ?
2. Donne le numéro de la vignette (1, 2 ou 3) correspondant à chaque adjectif :

terrorisé | satisfait | stupéfait

Je comprends

3. Où est le petit garçon ? Comment le sais-tu ?
4. Dans chacune des vignettes 1, 2 et 3, explique ce qui se passe.
5. Qui sont les personnages de la quatrième vignette ?
   Où se trouvent-ils ?
6. Que tient la dame dans sa main ?
7. ☆ Explique l'expression de son visage et son attitude.
8. Crée une bulle pour faire parler la dame (vignette 4).
9. Remets dans l'ordre les morceaux de l'histoire.

A Le petit garçon s'enfuit à toutes jambes.

B La dame adresse des reproches au cuisinier.

C Une sonnerie sort du plat de spaghettis.

D Le petit garçon déguste un plat de spaghettis.

Entre les lignes

10. ☆ Remplace chaque bulle des vignettes 1, 2 et 3 par une phrase que le garçon pourrait dire.

Échanger

11. Cette bande dessinée t'a-t-elle amusé(e) ? Pourquoi ?
    Après les échanges avec tes camarades, écris ton avis personnel.

C'est l'intention qui schtroumpfe

LISTES DE RÉFÉRENCE

Je découvre la bande dessinée

1 Combien de vignettes la planche comporte-t-elle ?

2 Lis à voix haute le contenu de la première bulle.

Vocabulaire pour mieux lire

3 Voilà les framboises que je t'ai schtroumpfées.

Et c'est tout ce que tu m'as schtroumpfé ?

Récris les phrases en remplaçant *schtroumpfées* et *schtroumpfé* par les mots qui conviennent.

Je comprends

4 Le Schtroumpf doit échapper à de nombreux dangers. Remets-les dans l'ordre.

A Un sorcier rôde dans les bois.

B La rivière est profonde.

C Un chat le pourchasse.

D Des ronces lui barrent le chemin.

E Il doit passer au-dessus d'un précipice.

5 Quels dangers ne sont pas dans la liste ?
Complète-la.

6 Quelle est la réaction du Schtroumpf Pâtissier dans les deux dernières vignettes ?

7 ☆ Donne un autre titre à la bande dessinée.

Entre les lignes

8 ☆ Selon toi, que s'est-il passé juste avant la première vignette ?

J'écris

9 Choisis une des sept premières vignettes et imagine ce que le Schtroumpf Paresseux se dit dans sa tête.
Écris la bulle en langage normal, puis écris-la en langage schtroumpf.

Échanger

10 Selon toi, le Schtroumpf Paresseux a-t-il mérité la colère du Schtroumpf Pâtissier ?

Atelier • TRANSFORMER UNE BD EN RÉCIT

À DEUX Écrivez ce qui se passe dans les trois dernières vignettes pour que quelqu'un puisse comprendre la fin de l'histoire sans voir les images.

COMMENT FAIRE ?

ÉTAPE 1 Relisez les trois dernières vignettes.

ÉTAPE 2 Racontez-vous l'histoire l'un à l'autre.

ÉTAPE 3 Écrivez une phrase pour chaque vignette.

ÉTAPE 4 Recopiez votre écrit au propre.

Bon appétit

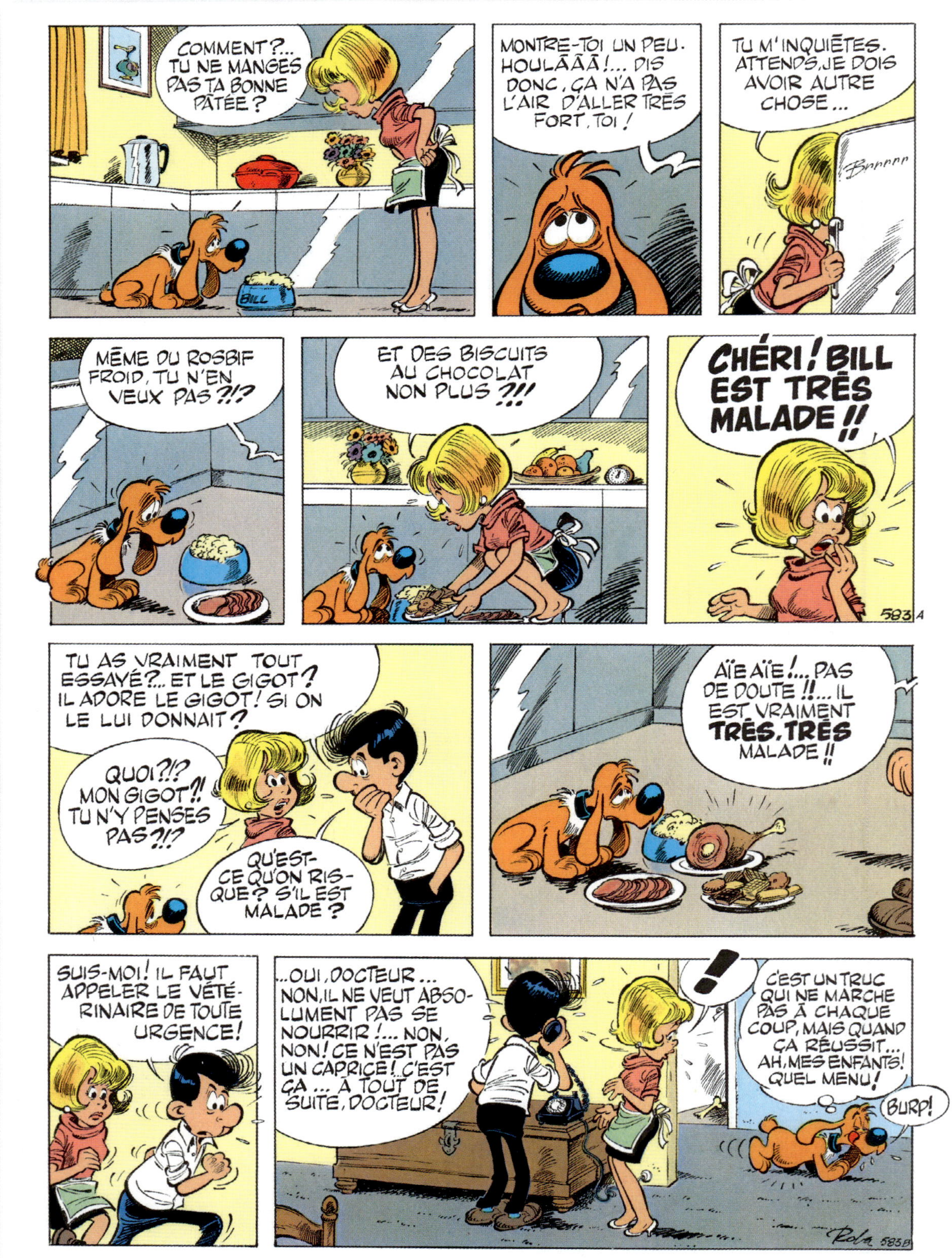

■ Roba, *Boule et Bill*, volume 14, *Une vie de chien* © Éditions Dupuis, 2008. LISTES DE RÉFÉRENCE

Je découvre la bande dessinée

1 Combien de vignettes la planche comporte-t-elle ?

2 ☆ Quelles bulles contiennent des caractères gras ? Pourquoi ?

Vocabulaire pour mieux lire

3 Donne le sens des mots *rosbif* et *gigot*.

> Même du rosbif, tu n'en veux pas ?!?

> Quoi ?!? Mon gigot ?!
> Tu n'y penses pas ?

4 Remplace l'expression *de toute urgence* par un mot de même sens.

> Suis-moi ! Il faut appeler le vétérinaire de toute urgence !

Je comprends

5 Que constate la maitresse de Bill dans la première vignette ?
Quelle est sa conclusion ?

6 Fais la liste de tous les détails qui permettent de croire que Bill est malade (dans les textes et dans les images).

7 Bill est-il réellement malade ?
Quand l'as-tu découvert ?

8 ☆ Dans la dernière vignette, les maitres de Bill entendent-ils ce qu'il dit ? À quel détail le comprends-tu ?

Entre les lignes

9 Dans la dernière bulle, Bill parle d'*un truc qui ne marche pas à tous les coups* : explique quel est son « truc ».

10 Pourquoi peut-on dire que Bill est malin ?
Commence ta phrase par :
Bill est malin parce que...

J'écris

11 Dans la dernière vignette, transforme le gros point d'exclamation en une phrase.

Atelier • RACONTER À LA PLACE D'UN PERSONNAGE

À l'oral, raconte l'histoire comme si tu étais Bill.

COMMENT FAIRE ?

ÉTAPE 1 Imagine que tu es Bill et que tu rencontres un autre chien dans la rue.

ÉTAPE 2 Raconte-lui comment tu t'y es pris pour que tes maitres te donnent plein de bonnes choses à manger.
Tu peux commencer par :
Hier, j'avais très faim, alors...

ÉTAPE 3 À la fin de ton récit, explique la réaction de tes maitres quand ils t'ont vu passer en te léchant les babines.

JE LIS DE MIEUX EN MIEUX

1 Lis les mots à voix haute aussi vite que tu peux.

cantine	pâtissier	précipice	inattention	tromperie
téléphone	framboise	sorcier	terreur	gourmande
cuisinier	panier	ronce	reproche	stupeur
quelque part	paresseux	biscuit	malade	vétérinaire
intention	rosbif	chocolat	gigot	caprice

2 Lis les phrases à toute vitesse.

Le Schtroumpf Pâtissier leur schtroumpfera une tarte aux framboises.

Quand il schtroumpfait la rivière, le Schtroumpf Paresseux était mort de peur.

Il est injuste de schtroumpfer un Schtroumpf qui a schtroumpfé sa mission.

3 Lis les phrases ci-dessus en remplaçant les mots du langage schtroumpf par des mots du langage normal.

CARNET DE LECTURE

JE DÉCOUVRE D'AUTRES BANDES DESSINÉES

Balez et Malina, Un amour de mammouth de Romain Pujol, Thitaume et Baptiste Amsallem (BD Kids, 2015)

Balez et Malina vivent au temps de la Préhistoire. Leurs tribus sont ennemies mais les deux enfants sont devenus amis lorsqu'ils ont recueilli un bébé mammouth qui n'avait plus de parents.

Les exploits de Quick et Flupke d'Hergé(Casterman, 2011)

Quick et Flupke ne manquent pas d'imagination. Leurs idées farfelues provoquent gags et catastrophes dans les rues de Bruxelles.

THÈME • LES SORCIÈRES

5 Méchantes et gentilles sorcières

CONTE - ROMAN - THÉÂTRE

C'était vraiment une drôle de vieille dame avec un nez crochu et un menton pointu, qui portait des vêtements noirs et un grand chapeau noir sur ses cheveux gris filasse. Elle s'appelait Bella Dona et c'est elle qui baptisa son nouveau chaton du nom d'Aristote.

– En vérité, c'est un chat noir qu'il me faudrait, dit-elle, mais ça me changera un peu d'en avoir un blanc.

■ Dick King-Smith, *Les 9 vies d'Aristote*, traduit par Laurence Nectoux

www.gallimard-jeunesse.fr

LISTES DE RÉFÉRENCE

Pour commencer

- Qui est Bella Dona ?
- Relève tous les indices qui le disent.

Dans la maison de Babayaga

Il était une fois une petite fille qui s'appelait Miette. Sa belle-mère la détestait. Pour se débarrasser de la fillette, elle l'envoya chercher du fil et une aiguille chez sa sœur, la sorcière Babayaga.

Miette frissonna et passa le portail grinçant.

Elle frappa trois petits coups à la porte et Babayaga lui ouvrit. Mais contrairement à ce qu'elle attendait, l'accueil fut chaleureux.

Sa tante s'empressa de lui ôter son manteau.

Miette serra son sac contre sa poitrine.

« Comme ta visite me comble de joie[1], mon lapin ! Laisse-moi te débarrasser de ce sac ; que peux-tu donc transporter de si précieux ?

– Ce ne sont que quelques jouets, ma tante », lui répondit Miette.

Elle remarqua alors un filet de bave courant sur le menton de la vieille ainsi qu'une légère lueur de cruauté dans ses yeux jaunes.

Quand Miette lui murmura les raisons de sa visite, Babayaga répondit : « Rien ne presse mon cœur, je vais te chercher ce dont tu as besoin, et je vais aussi te faire couler un bon bain chaud. »

Peu après, Babayaga revint. « Ton bain est prêt, mon poussin », dit-elle à Miette. Puis elle sortit chercher le fil et l'aiguille.

Miette se glissa alors discrètement dans la salle de bain. Mais en s'approchant de la baignoire, elle s'aperçut avec horreur qu'à la surface flottaient des morceaux de carottes, de patates et de petits navets.

La fillette était si terrifiée qu'elle attrapa le hoquet.

Il était temps de filer, et au plus vite !

Les mots difficiles

1. me comble de joie : me rend heureuse.

Babayaga © 2003, Hachette Livre Gautier-Languereau, Taï-Marc Le Thanh, Rébecca Dautremer.

LISTES DE RÉFÉRENCE

Vocabulaire pour mieux lire

1. De quel nom vient l'adjectif *chaleureux* (l. 3) ?
   Donne un adjectif de sens contraire.
2. Remplace le verbe *filer* (l. 23) par un autre de même sens.

Je comprends

3. Pourquoi Miette se rend-elle chez Babayaga ?
4. Quels mots désignent Babayaga, lignes 1 à 10 ?

   la vieille — Sa tante — Miette — la dame

5. Choisis la phrase qui convient.
   A Miette s'attend à être mal reçue par Babayaga.
   B Miette s'attend à être bien reçue par Babayaga.
6. Relève les expressions utilisées par Babayaga pour désigner Miette.
7. ☆ À ton avis, pourquoi Babayaga est-elle gentille avec la fillette ?
8. ☆ Quels indices montrent que Babayaga est une sorcière ?
9. **a.** Quel moment de l'histoire est illustré ?
   b. Aimes-tu cette illustration ?

Entre les lignes

10. STRATÉGIE : J'utilise mes connaissances.
    Ligne 21, pourquoi Miette est-elle *terrifiée* ?
11. ☆ Pourquoi la fillette s'appelle-t-elle « Miette » selon toi ?

J'écris

12. Complète la liste des attributs d'une sorcière commencée avec l'extrait de la page 43.
13. Décris Babayaga comme tu l'imagines.

Atelier • JOUER UNE RÉPLIQUE

À DEUX Jouez le dialogue, lignes 6 à 8.

COMMENT FAIRE ?

ÉTAPE 1 Lignes 4 et 5, relevez les deux accessoires à vous procurer.

ÉTAPE 2 Imaginez les expressions des personnages et entrainez-vous à les jouer.

ÉTAPE 3 Apprenez votre réplique par cœur, puis entrainez-vous à enchainer les deux répliques.

Le piège

À la fête de son école, Léa remarque un stand bizarre, à l'écart des autres. Elle s'approche…

Une dame, drôlement bien déguisée en sorcière, remuait de la soupe dans un chaudron, près d'un vieux balai. Elle m'a dit d'une voix grinçante :

– Approche, Léa.

J'ai voulu lui demander comment elle savait mon prénom, mais elle m'a tout de suite déclaré :

– Tu dois gouter ma soupe et en deviner les ingrédients[1].

Ça avait l'air amusant, alors j'ai pris une gorgée de soupe. Elle avait un gout atroce !

La dame a dit :

– C'est mauvais, hein ? C'est à cause des pustules[2] de crapaud. Si je n'en mets pas, la potion ne marche pas.

Soudain, je me suis sentie rétrécir. En quelques secondes, je suis devenue minuscule… La dame était une vraie sorcière !

La sorcière m'a aussitôt attrapée et jetée dans un sac. Je me suis retrouvée dans le noir, terrifiée. J'ai crié, mais personne ne m'entendait !

C'est alors que le sac s'est brusquement ouvert. Avant qu'il se referme, j'ai juste eu le temps de voir atterrir mon copain Baptiste.

La sorcière a ricané :

– Vous êtes exactement les enfants qu'il me faut !

■ *La Soupe à rétrécir* d'Anne Rivière, illustré par Gwendal Le Bec

Les mots difficiles

1. ingrédients : produits que l'on mélange pour faire la cuisine.

2. pustules : petites bosses qui recouvrent le dos des crapauds.

Vocabulaire pour mieux lire

1 Donne le contraire du verbe *rétrécir* (l. 13).

2 De quel nom vient le verbe *atterrir* (l. 19) ? Donne un mot de la même famille.

3 ☆ Trouve dans le texte le mot qui désigne une soupe de sorcière.

Je comprends

4 Qui raconte l'histoire ? Où est-elle ?

5 STRATÉGIE : Je cherche dans le texte.
Au début du texte (l. 1 à 4), la petite fille sait-elle que la dame est une sorcière ?
Relève la phrase qui le montre.

6 Que se passe-t-il quand on boit la potion ?

7 Reformule les lignes 18-19.

8 ☆ Quels sont les points communs entre la sorcière de ce texte et Babayaga ?

Entre les lignes

9 ☆ À ton avis, pourquoi Léa et Baptiste sont-ils *exactement les enfants qu'il faut* à la sorcière (l. 21) ?
Imagine ce qui va se passer.

Je lis à voix haute

10 Lis les paroles de la sorcière en mettant le ton.
- Sur le texte photocopié, surligne les paroles de la sorcière.
- Souligne les phrases qui précisent sur quel ton elle parle.
- Entraine-toi à dire les paroles de la sorcière sur le ton indiqué.

J'écris

11 Écris une formule magique pour rétrécir ou pour grandir.

12 Complète la liste des attributs d'une sorcière commencée avec les textes des pages 43 et 44.

MANUEL INTERACTIF
- Le texte lu par une comédienne
- Le texte à photocopier pour l'atelier

De l'ordre !

FLEMMARDE – Ranger, c'est un truc vraiment épuisant ! (*Elle se lève, ouvre le coffre et en retire sa baguette.*) Enfin ! Il faut bien travailler, de temps en temps ! (*Elle réfléchit longuement.*) Voyons, voyons… La formule pour balayer une pièce, c'est… c'est… (*Silence*) J'ai complètement oublié, peau de tablier !

Elle fouille dans un tas de livres, regarde sous sa chaise longue, dans les chaudrons, etc.

FLEMMARDE – C'est agaçant à la fin ! Je ne retrouve jamais rien, ici ! (*Elle réfléchit.*) Voyons… (*Elle fait un mouvement avec sa baguette avant de prononcer sa formule magique.*) Ni poussière, ni ordure, pneu de voiture !

La lumière devient bleue.

FLEMMARDE – Bouc de bouc ! Je me suis trompée ! (*Même mouvement de baguette*) Ni ordure, ni poussière, vieille soupière !

La lumière devient rouge.

FLEMMARDE – Crotte de crapaud, j'ai pas de pot ! (*Même mouvement de baguette*) Ni chiffon, ni papier, pied de pompier !

Une musique de fanfare[1] *éclate.*

FLEMMARDE, *hurlant pour couvrir la fanfare.* – Encore raté, service à thé !

■ Gérard Moncomble, Michel Piquemal, *Un fameux coup de balai* in *Théâtre pour de rire, 18 pièces à monter en atelier de la GS au CE1* © Éditions Magnard.

Les mots difficiles

1. **musique de fanfare :** musique jouée par des trompettes et des tambours.

Vocabulaire pour mieux lire

1 La sorcière veut *couvrir la fanfare* (l. 22-23) : explique cette expression.

2 Invente une phrase où le verbe *couvrir* aura un autre sens.

3 *J'ai pas de pot* (l. 18) : récris la phrase dans un niveau de langue courant.

Je comprends

4 Lis la première réplique de la sorcière (l. 1 à 5). À quoi servent les indications entre parenthèses ?

5 STRATÉGIE : Je fais des liens.
La sorcière dit : *Il faut bien travailler, de temps en temps* (l. 2-3).
Selon elle, en quoi consiste le travail d'une sorcière ?

6 Quel est le problème de la sorcière à partir de la ligne 12 ?

7 ☆ À ton avis, que va-t-elle faire dans la suite du texte ?

8 ☆ Pourquoi cette sorcière est-elle drôle ?

Entre les lignes

9 Explique le nom de la sorcière.

J'écris

10 Complète la liste des attributs d'une sorcière commencée avec les textes des pages 43, 44 et 46.

11 Il y a surement des tâches que tu n'aimes pas faire : invente des formules magiques pour qu'elles se fassent toutes seules.

Échanger

12 Observe les illustrations de sorcières pages 43 à 48. Laquelle préfères-tu ? Pourquoi ?

Atelier • JOUER UNE SCÈNE À PLUSIEURS

À CINQ Répartissez-vous les répliques de Flemmarde et jouez la scène.

COMMENT FAIRE ?

ÉTAPE 1 **INDIVIDUELLEMENT** Relis la scène et repère la place de ta réplique.

ÉTAPE 2 Apprends ta réplique par cœur et entraine-toi à la dire avec le ton qui convient.

ÉTAPE 3 Ajoute les gestes indiqués par les passages en italique.

ÉTAPE 4 **EN GROUPE** Travaillez l'enchainement des répliques et mimez les gestes de Flemmarde.
Jouez la scène devant vos camarades.

JE LIS DE MIEUX EN MIEUX

1 Lis les mots à voix haute aussi vite que tu peux.

menton	frissonner	bain	chaudron	formule
chaton	grincer	bave	vieille	baguette
filasse	lapin	école	ricaner	balayer
noir	tante	déguisé	atroce	fanfare
chapeau	sorcière	soupe	rétrécir	magique

2 Lis les formules magiques à toute vitesse.

ABRACADABRA ABRÉGADÉBRA

ABARCATARBA ACATASTROPHA

ABRACRAQUERA COQUEDENOI

ARBRACÉLADON COTILÉDON

3 Lis en mettant le ton et en sautant les passages entre parenthèses.

FLEMMARDE – Ranger, c'est un truc vraiment épuisant ! *(Elle se lève, ouvre le coffre et en retire sa baguette.)* Enfin ! Il faut bien travailler, de temps en temps ! *(Elle réfléchit longuement.)* Voyons, voyons… La formule pour balayer une pièce, c'est… c'est… *(Silence)* J'ai complètement oublié, peau de tablier !

■ Gérard Moncomble, Michel Piquemal, *Un fameux coup de balai* in *Théâtre pour de rire, 18 pièces à monter en atelier de la GS au CE1* © Éditions Magnard.

JE JOUE AVEC LES MOTS

4 Remets les lettres dans l'ordre pour trouver les mots cachés.

AHCT | BGTTAEEU | BLAAI | SRCROIÈE

5 **a.** Dessine une sorcière en choisissant un élément dans chaque liste.

- **la silhouette :** grosse – mince – élancée
- **les cheveux :** en chignon – longs et ébouriffés – raides
- **le visage :** avec des lunettes – avec une seule dent – avec un menton pointu
- **les vêtements :** très colorés – entièrement noirs – déchirés

b. Donne un nom à ta sorcière et écris quel est son pouvoir.

6 Trouve trois mots qui riment avec *sorcière*.

THÈME • LES SORCIÈRES

6

La sorcière du TGV

Agnès Bertron-Martin
Illustrations de Nicolas Hubesch

LIRE UN ROMAN FANTASTIQUE

Aujourd'hui, je vais à Nîmes chez ma tante Catherine. Maman et moi, nous nous installons à nos places dans le TGV. Puis le train démarre.

Moi, j'aime bien observer les passagers. Par exemple, la dame ébouriffée, juste en face de nous. Elle est enveloppée dans trois gros pulls. Elle éternue, elle se mouche puis elle se gratte le nez et elle enlève ses chaussures. Elle ne se gêne vraiment pas !

••• suite page 52

Pour commencer

- Où les personnages se trouvent-ils ? Qui sont-ils ?
- À ton avis, qui est la dame ?

La sorcière du TGV (1)

●●● début du texte page 51

Maman me dit à voix basse :

– Léna, ne regarde pas les gens comme ça, c'est mal élevé !

À propos de gens mal élevés, cette dame-là est la championne. Son téléphone portable pousse un hurlement de sirène. La dame décroche et elle lance un cri qui fait sursauter tout le compartiment.

Et elle s'exclame :

– Gertrude, enfin, c'est toi ! J'ai pris froid pendant le concert de grenouilles. Je suis enrhumée. Et à chaque éternuement je perds un peu de, euh… de mes forces, si tu vois ce que je veux dire ! Je ne peux déjà plus voyager, euh… par mes moyens habituels, si tu vois ce que je veux dire ! J'ai été obligée de prendre le train. Viens tout de suite à mon secours. J'ai besoin de, euh… ton médicament, celui qui recharge les, euh… batteries, si tu vois ce que je veux dire ! J'ai horreur du train !

La dame se bouche le nez pour ne pas éternuer. Puis elle étale ses jambes, elle fait un énorme rot et elle se gratte le ventre. Maman lève la tête de son magazine :

– Ce n'est pas possible d'être aussi mal élevée !

Maman a parlé à voix basse. Mais la dame l'a entendue. Elle regarde Maman avec des yeux furieux. Puis elle lui fait une grimace.

Aussitôt, je sens un vent froid sur mon visage. La dame sort un flacon[1] de sa poche. Elle l'ouvre. Une mouche me passe sous le nez. La mouche est aspirée par le flacon. C'est incroyable !

Je me tourne vers Maman pour voir ce qu'elle en pense. Mais, sur le siège à côté de moi, il n'y a que son magazine. Maman a disparu.

La dame reprend sa conversation au téléphone :

– Gertrude, je t'attends. Viens le plus vite possible !

Et elle raccroche. Puis elle bondit dans le couloir :

– Pipi, pipi, vite !

Les toilettes sont occupées. La dame fait un geste de la main et soudain, hop ! la porte s'ouvre. Un monsieur mal rhabillé jaillit des toilettes comme si quelqu'un lui avait donné un coup de pied au derrière.

La dame prend sa place et ferme la porte d'un coup sec.

J'en profite pour me lever. Je me penche vers le petit flacon qu'elle a laissé sur son siège. Quelle est cette bestiole qui s'agite à l'intérieur ? C'est bizarre, on dirait une mouche avec un pulloveur bleu comme celui de…

Maman ? Horreur, cette mouche, c'est Maman ! La pauvre, elle est minuscule. J'ouvre vite le flacon et je la fais glisser dans ma main droite.

Sous le siège de la dame, j'aperçois les poils d'un balai. Les indices sont trop nombreux. Pas de doute, cette femme est une sorcière.

●●●

Les mots difficiles

1. flacon : petite bouteille.

De ma main gauche, je fouille dans la grosse sacoche de la dame. Je sais bien que ça ne se fait pas, mais c'est un cas exceptionnel. Des peaux de limace, des queues de rat ! Pouah ! Et l'odeur, quelle horreur ! Enfin, au fond de la sacoche, je trouve un vieux livre gluant.

À voix basse, je dis à Maman :

– J'ai trouvé le grimoire de la sorcière. Je vais te délivrer de son mauvais sort[2]. Courage !

Mais, presque aussitôt, j'entends une voix qui chuchote à mon oreille, avec colère :

– Alors, tu fouilles dans mes affaires, sale mioche ?

Catastrophe, la sorcière est déjà revenue.

Je chuchote à mon tour :

– Délivrez ma maman, ou je crie que vous êtes une sorcière !

Et j'ouvre la main juste une seconde, pour montrer à la sorcière que j'ai fait sortir ma minuscule maman du flacon.

••• suite page 56

■ *La Sorcière du TGV*, d'Agnès Bertron-Martin, illustré par Nicolas Hubesch, collection « Mes Premiers J'Aime Lire »

Les mots difficiles

2. sort : effet magique, le plus souvent mauvais.

Vocabulaire pour mieux lire

1 À partir de quel verbe est formé l'adjectif *rhabillé* (p. 53, l. 31) ?
Écris l'adjectif de sens contraire.

2 Donne une expression synonyme de l'adjectif *minuscule* (p. 53, l. 40).

3 STRATÉGIE : Je comprends le sens d'un mot inconnu.
Qu'est-ce qu'un *grimoire* (p. 54, l. 50) ?

4 ☆ À DEUX Dans les pages 52 à 54, relevez les mots en rapport avec les sorcières.

Je comprends

5 Qui raconte cette histoire ? Comment le sais-tu ?

6 Recopie seulement les noms des personnes qui sont dans le train.

Léna | la maman de Léna | la tante Catherine | la sorcière | Gertrude

7 Fais la liste de tout ce qui est *mal élevé* chez la dame.

8 Que se passe-t-il lorsque la dame :
– *fait une grimace* (p. 52, l. 20) ?
– *fait un geste de la main* (p. 53, l. 30) ?

9 *Horreur, cette mouche, c'est Maman !* (p. 53, l. 39)
Quels indices permettent à Léna de comprendre que sa maman a été transformée en mouche ?

10 Où se trouve la maman de Léna à partir de la ligne 23 (p. 53) ?

11 ☆ *Les indices sont trop nombreux.* (p. 53, l. 42-43)
Retrouve les indices qui permettent à Léna de penser que la dame est une sorcière.

12 Remets les évènements dans l'ordre de l'histoire.

A Léna fouille dans la sacoche de la dame.

B La maman de Léna se plaint de la dame et disparait.

C Une dame très mal élevée téléphone en face de Léna.

D Léna menace la dame de révéler qu'elle est une sorcière.

E La dame prend la place d'un monsieur aux toilettes.

Entre les lignes

13 Selon toi, à quoi le grimoire va-t-il servir ?

J'écris

14 Relis les lignes 7 à 14 (p. 52). Complète les paroles que la sorcière évite de dire.

> Je suis enrhumée. Et à chaque éternuement je perds un peu de mes … . Je ne peux déjà plus voyager en … .
> J'ai été obligée de prendre le train. Viens tout de suite à mon secours. J'ai besoin de ta …, celle qui recharge les … !

MANUEL INTERACTIF
• La grille à photocopier pour le carnet de lecture

La sorcière du TGV (2)

••• suite de la page 54

Mais le train a une secousse et je ne peux pas empêcher maman de tomber. Je suis complètement affolée :

« Zut, où est-elle passée ? »

Vite, je me mets à quatre pattes pour essayer de la retrouver.

Soudain, je rencontre deux grosses chaussures noires. Je relève la tête : c'est le contrôleur ! Il me demande :

– Tu as perdu quelque chose, petite ?

– Oui, j'ai perdu ma maman !

Le contrôleur éclate de rire :

– Ce serait étonnant que tu la retrouves sous les sièges.

Il s'approche de la sorcière :

– Contrôle des billets, Madame !

La sorcière grogne :

– Dommage que j'aie si peu, euh… de forces. Je vous aurais bien transform… hum, en cra… hum ! Atchoum !

– Pardon ? dit le contrôleur.

– Rien, rien, deux secondes, je cherche.

Alors, discrètement, la sorcière fait un crochet avec son doigt et je vois le sac de Maman qui glisse jusqu'à elle !

La sorcière l'ouvre, elle prend nos billets et elle les tend au contrôleur :

– Voilà les billets pour moi et ma fille !

Elle n'est vraiment pas gênée, cette sorcière ! Mais je n'ai pas le temps de protester[1]. Le contrôleur me fait un clin d'œil :

– Eh bien, je l'ai trouvée, ta maman !

Je ne sais plus quoi faire. Cette sorcière est vraiment infecte. Maintenant, elle fouille même dans le sac de Maman et elle met de son rouge à lèvres !

Soudain, on frappe à la vitre. C'est une autre sorcière. Elle vole à côté du train, sur un balai.

– Gertrude ! s'écrie la sorcière du TGV.

Les voyageurs des places voisines n'en croient pas leurs yeux.

Une voix annonce au micro :

– Lyon, cinq minutes d'arrêt !

Dès que le train s'immobilise[2], la sorcière bouscule tout le monde pour aller ouvrir la porte à Gertrude. Je la suis.

Gertrude descend de son balai, grimpe dans le train et tend à sa copine une cuillère remplie d'un sirop vert :

– Avale et tu retrouveras tous tes pouvoirs magiques !

Catastrophe ! Si la sorcière retrouve tous ses pouvoirs, je ne pourrai plus délivrer Maman.

Je n'hésite pas une seconde : je me jette sur la cuillère et j'avale le sirop à la place de la sorcière.

Les deux copines en restent bouche bée[3].

Comme c'est étrange, je me sens traversée par une force magique, puissante comme un éclair !

Les sorcières ont l'air d'avoir peur de moi, tout à coup. C'est le bon moment pour sauver Maman. Je la cherche des yeux.

•••

Les mots difficiles

1. **protester :** dire qu'on n'est pas d'accord.
2. **s'immobilise :** s'arrête net.
3. **bouche bée :** la bouche ouverte d'étonnement.

J'entends une toute petite voix, essoufflée :

– Léna, je suis là, sur ta jupe !

Je prends Maman dans mes mains. Je sens parfaitement, autour d'elle, le mauvais sort qui l'a rendue minuscule.

Une formule monte à mes lèvres. Je chuchote sans hésiter :

– Que disparaisse la force atroce qui écrase ma maman et qu'elle retrouve sa taille immédiatement !

Et Maman retrouve sa taille.

J'adore être une sorcière. Mais je sens que l'effet du sirop diminue déjà. Vite, pas de temps à perdre !

Je fixe[4] les deux sorcières et je leur fais une affreuse grimace... Une grimace encore plus réussie que celle qui avait transformé Maman en mouche.

J'ouvre ma main, et hop, deux cafards agités viennent s'y poser !

– Ça alors, ma chérie, tu les as rétrécies ! dit Maman.

Les hautparleurs annoncent : « Départ immédiat ! Attention à la fermeture des portes ! »

Je dis à Maman :

– Tu ne crois pas qu'on les a assez vues, ces deux-là ?

Maman me sourit. Et d'une pichenette[5] je mets dehors les deux insectes :

– Allez, ouste, les sorcières, du balai !

FIN

La Sorcière du TGV, d'Agnès Bertron-Martin, illustré par Nicolas Hubesch, collection « Mes Premiers J'Aime Lire » © 2010, Bayard Éditions.

Les mots difficiles

4. fixe : regarde avec insistance.

5. pichenette : petit coup de doigt.

Vocabulaire pour mieux lire

1 Donne le verbe de la même famille que *secousse* (p. 56, l. 1).

2 Explique en quoi la sorcière est *infecte* (p. 57, l. 33). Donne un synonyme.

3 ☆ À DEUX Trouvez des synonymes de l'expression *du balai !* (p. 58, l. 77)

> – Allez, ouste, les sorcières, du balai !

À ton avis, pourquoi l'auteure a-t-elle choisi cette expression ?

Je comprends

4 STRATÉGIE : Je fais des liens.
À la ligne 9 (p. 56), pourquoi le contrôleur éclate-t-il de rire ?

5 Complète la phrase de la sorcière (p. 56, l. 14-15).

> Dommage que j'aie si peu de … .
> Je vous aurais bien transform…
> en cra… .

6 Complète avec le nom du personnage qui convient.

A … avale le sirop.

B … rejoint le train sur son balai.

C … présente les billets au contrôleur.

D … tombe sur la jupe de Léna.

7 **a.** Quel est le pouvoir du *sirop vert* (p. 57, l. 45) ?

☆ **b.** En le buvant, Léna est-elle devenue une sorcière ? Justifie ta réponse.

8 Recopie la formule magique que Léna utilise pour rendre à sa mère sa taille initiale.

Entre les lignes

9 *Et bien, je l'ai trouvée, ta maman !* (p. 56, l. 31-32)
Que croit le contrôleur à ce moment de l'histoire ?
À ton avis, que ressent Léna en l'entendant ?

Carnet de lecture

10 **a.** Donne ton avis personnel sur le roman en utilisant la grille donnée par ton professeur.

b. Écris une phrase pour donner envie de lire ce roman. Tu peux commencer par : *C'est l'histoire de…* ou par *Cette histoire est bien parce que…*

Atelier • IMAGINER UNE SUITE

Selon toi, que deviennent les deux sorcières ?
Imagine la suite et présente-la oralement à tes camarades.

COMMENT FAIRE ?

ÉTAPE 1 Imagine une suite dans ta tête.

ÉTAPE 2 Note tes idées au brouillon.

ÉTAPE 3 Raconte ta suite à un camarade. Demande-lui s'il a bien compris et prends ses remarques en compte.

ÉTAPE 4 Présente ta suite à la classe.

JE LIS DE MIEUX EN MIEUX

1 **Lis les phrases à voix haute pour que l'on devine la ponctuation.**

a. Léna, ne regarde pas les gens comme ça, c'est mal élevé !

b. Alors, tu fouilles dans mes affaires, sale mioche ?

c. Pipi, pipi, vite !

d. Zut, où est-elle passée ?

2 **Apprends la formule magique. Récite-la sans erreur et en mettant le ton.**

Que disparaisse la force atroce qui écrase ma maman et qu'elle retrouve sa taille immédiatement !

3 **Lis la réplique de la sorcière en marquant ses hésitations.**

– À chaque éternuement je perds un peu de, euh… de mes forces, si tu vois ce que je veux dire ! Je ne peux déjà plus voyager, euh… par mes moyens habituels, si tu vois ce que je veux dire ! J'ai été obligée de prendre le train. Viens tout de suite à mon secours. J'ai besoin de, euh… ton médicament, celui qui recharge les, euh… batteries, si tu vois ce que je veux dire !

■ *La Sorcière du TGV*, d'Agnès Bertron-Martin, illustré par Nicolas Hubesch, collection « Mes Premiers J'Aime Lire » © 2010, Bayard Éditions.

CARNET DE LECTURE

JE DÉCOUVRE D'AUTRES ROMANS DE SORCIÈRES

MANUEL INTERACTIF • *Le conte* Hansel et Gretel *des frères Grimm*

La sorcière habite au 47
de Nicolas de Hirsching, illustré par Églantine Ceulemans (Bayard Éditions, 2018)

Une sorcière vient d'emménager dans l'immeuble de Vincent. Elle l'oblige à faire et à dire n'importe quoi. Vincent n'a qu'une idée en tête : se débarrasser de la sorcière !

L'anniversaire*, série *Zélie et Poison
de Nathalie Kupperman, illustré par Amélie Graux (Gallimard jeunesse, 2016)

Zélie a invité ses copains pour son anniversaire. Pourvu qu'ils ne s'aperçoivent pas que sa mère est une sorcière !

THÈME • LA NATURE

Des jardins mystérieux

7

ALBUM - CONTE - DOCUMENTAIRE

Léa est debout au pied d'un chêne immense. Elle pointe le doigt et dit :

– Regarde !

Une échelle de corde ! Une longue échelle de corde pend le long du tronc depuis le sommet de l'arbre.

– Wouah ! s'exclame Tom.

Là-haut, tout là-haut, à demi cachée dans l'épais feuillage, il y a une cabane.

■ *La Vallée des dinosaures*, collection *La Cabane magique*, de Mary Pope Osborne, traduit par Marie-Hélène Delval

Pour commencer

- Selon toi, Léa et Tom vont-ils monter dans cette cabane ?
- Lis le titre de la collection dont est extrait le texte. D'après toi, qu'est-ce que cette cabane peut avoir de magique ?

Dans la jungle

Carl et Elsa s'ennuient. Alors, ils se rendent au jardin pour y trouver l'aventure.

– J'ai une idée, dit Elsa. On peut jouer à la jungle !

– Oui, mais d'abord, on grimpe en haut du pommier, dit Carl.

C'est Elsa qui grimpe le plus haut. Elle n'a pas peur.

– Cueille plein de pommes, on les mettra dans nos sacs ! dit Carl en se balançant sur une branche.

– Et là, on dit qu'un grand loup apparait ! dit Elsa.

– D'accord, lance Carl. Un méchant loup ! On doit lui lancer des pommes !

– Et là, le loup se transforme en crocodile. Il est très dangereux et a des dents pointues ! dit Elsa.

– Bonne idée ! dit Carl. Les pommes sont empoisonnées, le crocodile en avale une et s'endort.

– On descend de l'arbre, on passe discrètement devant le crocodile, et on entre dans la jungle, chuchote Elsa.

– Chut ! fait Carl.

Dans la jungle, ils construisent une cabane avec des bâtons et des feuilles. Elsa est douée[1] pour installer les bâtons. Carl déplie la couverture à l'intérieur de la cabane et pose les gâteaux, les raisins secs et les pommes sur les feuilles.

– Qu'est-ce que tu veux manger ce midi, Elsa ? demande-t-il.

Elle ne répond pas.

– À table ! crie-t-il.

Mais elle ne répond toujours pas.

Jenny Westin Verona et Jesus Verona, *Carl et Elsa s'échappent*, traduit par Marie Valera © Cambourakis, 2017.

Les mots difficiles

1. Elsa est douée pour : Elsa sait très bien.

Vocabulaire pour mieux lire

1. Quelle est la différence entre *un jardin* et *une jungle* ?
2. *le crocodile en avale une* (l. 11-12) Remplace le verbe *avaler* par un synonyme.
3. Donne le contraire (l'antonyme) du verbe *déplier* (l. 17).

Je comprends

4. STRATÉGIE : Je cherche dans le texte.
   Carl et Elsa entrent-ils vraiment dans une jungle ?
   Recopie la phrase qui te permet de le savoir.
5. Fais la liste de toutes les choses qui ne peuvent pas vraiment se trouver dans un jardin.
6. Quelles idées imaginées par Carl et Elsa te surprennent le plus ?
   Imagine d'autres dangers qu'ils pourraient inventer.
7. Choisis les deux adjectifs qui peuvent qualifier Elsa :
   audacieuse — peureuse — maladroite — adroite
8. À ton avis, pourquoi la dernière question de Carl (l. 20) reste-t-elle sans réponse ?

Entre les lignes

9. ☆ Pourquoi un jardin est-il un bon endroit pour vivre une aventure ?

J'écris

10. À ton avis, que va-t-il se passer dans la suite du texte ?
11. Écris deux phrases pour accompagner les illustrations.

Le jardin de Kamicha

Amandine a dix ans. Sa chatte, Claude, a eu quatre chatons mais les parents d'Amandine n'en ont gardé qu'un, Kamicha. Un jour, Kamicha disparait : Amandine est certaine que Claude a caché son chaton dans un jardin voisin. Elle décide d'aller voir.

Bon, me voilà dans le jardin de Kamicha. Il y a des hautes herbes qui m'arrivent jusqu'au nez. Je dois marcher dans une ancienne allée taillée à travers la forêt, mais qui est en train de disparaitre. Des grosses fleurs bizarres me caressent la figure. Elles sentent le poivre et la farine, une odeur très douce, mais aussi qui fait un peu mal à respirer. Impossible de dire si c'est une odeur bonne ou mauvaise. Les deux à la fois, on dirait.

J'ai un peu peur mais la curiosité me pousse. Tout ici a l'air abandonné depuis très très longtemps. […]

Un tournant[1], un couloir de verdure encore, et j'arrive à une sorte de clairière ronde avec au milieu une dalle[2]. Et, assis sur la dalle, devinez qui ? Kamicha en personne qui me regarde tranquillement venir à lui. C'est drôle, je le trouve plus fort et plus grand que dans le jardin de papa. Mais c'est lui, je n'en doute pas, aucun autre chat n'a un œil au beurre blanc[3]. En tout cas, il est bien calme, presque majestueux[4]. Il ne s'enfuit pas comme un fou, il ne vient pas non plus à moi pour que je le caresse, non, il se lève et marche tranquillement, la queue droite comme un cierge[5], vers l'autre bout de la clairière. Avant de pénétrer sous les arbres, il s'arrête et se retourne pour voir si je le suis. Oui, Kamicha, je viens, je viens !

■ Michel Tournier, *Amandine ou les deux jardins* in *Sept contes*

Les mots difficiles

1. un tournant : un virage dans l'allée.
2. une dalle : une plaque en ciment ou en pierre.
3. un œil au beurre blanc : un œil cerclé de blanc.
4. presque majestueux : son allure est presque royale.
5. un cierge : une bougie haute et étroite.

Vocabulaire pour mieux lire

1 ☆ Relève les mots en rapport avec le jardin. Classe-les par ordre alphabétique.

2 Donne deux mots de la famille du nom *clairière* (l. 11).

Je comprends

3 Qui est Amandine ? Qui est Kamicha ?

4 Que vient faire Amandine dans le jardin de Kamicha ?

5 Remets en ordre les lieux traversés par Amandine.

A un couloir de verdure

B une ancienne allée

C de hautes herbes

D une sorte de clairière

6 Choisis des adjectifs pour qualifier le jardin.

abandonné · entretenu · sauvage

7 Quelles odeurs Amandine remarque-t-elle dans le jardin ?

Entre les lignes

8 ☆ Selon toi, quels sont les sentiments d'Amandine envers Kamicha ?

Dessiner et interpréter

9 Lis la description qu'Amandine fait du jardin de son papa. Dessine-le.

J'aime bien la maison de maman et le jardin de papa. Dans la maison, la température est toujours la même, été comme hiver. En toute saison les gazons du jardin sont aussi verts et bien rasés. On dirait que maman dans sa maison et papa dans son jardin font un vrai concours de propreté.

■ Michel Tournier, *Amandine ou les deux jardins* in *Sept contes* © Éditions Gallimard. www.gallimard.fr

LIRE UNE PAGE DOCUMENTAIRE

MANUEL INTERACTIF
- *La fiche « fabriquer une mangeoire » pour l'atelier*

THÈME • LA NATURE

La vie d'un arbre

1

Tout a commencé par une graine, un marron, qui a germé.

2

Des racines, une tige et des feuilles ont poussé.

3

À un an, le petit marronnier était encore fragile.

4

À 10 ans, il est devenu adulte : il a fleuri pour la première fois !

5

Il a eu ses premiers « bébés » marrons.

6

Chaque année, son tronc grossit, ses branches s'allongent...

7

À 100 ans, il grandit encore ! Son écorce s'est craquelée.

8

Un jour, il mourra. Si on coupe son tronc, on verra ses cernes.

9

■ Cécile Jugla, *J'observe la nature* © Éditions Nathan, collection Dokéo, 2016.

Vocabulaire pour mieux lire

1 Dans les trois premières vignettes, relève les mots en lien avec l'arbre (par exemple *graine*).

2 Cherche le mot *cerne* dans ton dictionnaire.

a. Est-il masculin ou féminin ?

b. Quel autre sens le mot peut-il avoir ?

3 a. Quel verbe a donné l'adjectif *craquelée* ?

b. Explique le lien de sens entre le verbe et l'adjectif.

Je comprends

4 Justifie le titre du document.

5 De quel arbre s'agit-il ? Relève les mots qui le disent (note le numéro des vignettes).

6 Observe les trois premières vignettes et lis les textes qui les accompagnent.

Raconte de mémoire la naissance et l'enfance de l'arbre.

Utilise les mots que tu as relevés à la question 1.

7 a. STRATÉGIE : J'utilise mes connaissances.

Dans les vignettes 4, 5 et 6, explique les couleurs de l'arbre.

b. L'arbre de droite est-il plus ou moins âgé que celui de gauche ?

8 L'arbre dont il est question dans la page vit environ 200 ans.

Combien de cernes peut-on voir quand on coupe son tronc après sa mort ?

Entre les lignes

9 Quels arbres grandissent toute leur vie : tous les arbres, ou seulement celui dont il est question dans la page ?

Atelier • ÉCRIRE UNE NOTICE

À DEUX À partir de la fiche photocopiée « Fabriquer une mangeoire pour les oiseaux », écrivez une notice pour expliquer comment fabriquer cette mangeoire.

COMMENT FAIRE ?

ÉTAPE **1** Lisez la liste du matériel et observez les dessins de la fiche photocopiée pour comprendre comment réaliser une mangeoire.

ÉTAPE **2** Au brouillon, écrivez pour chaque dessin une phrase qui explique ce qu'il faut faire.

ÉTAPE **3** Vérifiez que vous avez utilisé tout le matériel.

ÉTAPE **4** Recopiez vos phrases sous chaque dessin de la fiche photocopiée.

JE LIS DE MIEUX EN MIEUX

1 Lis les phrases le plus vite possible.

- Le criquet du catalpa casse les oreilles du corbeau qui croasse à qui mieux mieux.
- Son chat Kamicha chahute avec la chemise de Charles mais il chancèle et choit.
- Où niche la pie ? La pie niche en haut du pin où nichent aussi la chouette et le Guit-guit.

2 Lis les noms des plantes.

hélianthème | **millepertuis** | **potentille** | **scorsonère** | **phalangère**

3 Relis les lignes 1 à 6 de la page 64. Essaie de les mémoriser. Juste après, lis le texte ci-dessous en le complétant de mémoire.

Bon, me voilà dans le ________ de Kamicha. Il y a des hautes ________ qui m'arrivent jusqu'au nez. Je dois marcher dans une ancienne ________ taillée à travers la ________, mais qui est en train de disparaitre. Des grosses ________ bizarres me caressent la figure. Elles sentent le ________ et la ________, une odeur très ________, mais aussi qui fait un peu mal à ________.

■ Michel Tournier, *Amandine ou les deux jardins* in *Sept contes*

JE JOUE AVEC LES MOTS

MANUEL INTERACTIF • *La grille à photocopier*

4 Complète la grille photocopiée à l'aide des définitions, et trouve le mot mystère (cases bleues).

DÉFINITIONS

1. Il y pousse des plantes et des fleurs.
2. Pomme, poire, banane...
3. On s'y abrite quand il pleut.
4. Fleur qui porte des épines.
5. Fruit du cerisier.

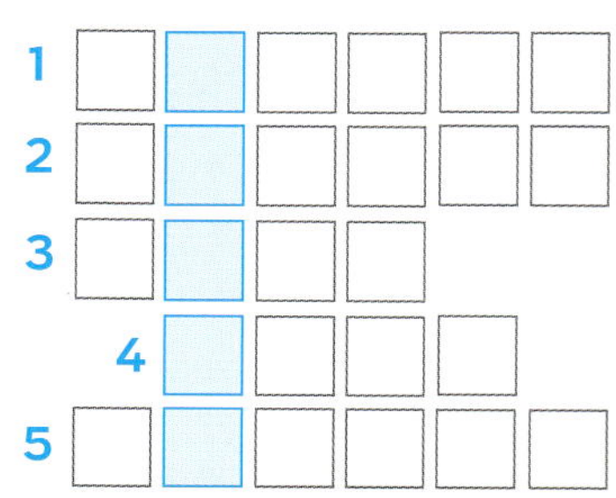

THÈME • LA NATURE

8 Au fil des saisons

LIRE DES POÈMES

POÈME 1

La fleur de pommier

Joli rossignol et fleur de pommier
Si la neige tombe au mois de Juillet,
Joli rossignol et fleur de pommier,
C'est que le soleil en Janvier brillait,
Joli rossignol et fleur de pommier.

■ « La fleur de pommier », *Chantefables et Chantefleurs*, Robert Desnos © Éditions Gründ, 2010.

LISTES DE RÉFÉRENCE

Pour commencer

- Selon le poète, que pourrait-il se passer en juillet ? Pour quelle raison ?
- **À DEUX** Lisez le poème. L'un de vous lit le vers qui se répète trois fois, l'autre lit les deux autres vers.

MANUEL INTERACTIF

- *Les poèmes lus par un comédien*
- *Le poème 3 à photocopier pour l'atelier*

POÈME 2

Il est fini l'été
le rouge des tomates
le blé qui bouge
l'épi ensoleillé

Fini l'arbre vert
l'herbe qui tremble au vent
le panier de pommes
le dimanche à la mer

L'espace est changeant
voici le champ de neige
la couleur du drap blanc
voici le bout de l'an

■ « Il est fini l'été », extrait du recueil *Tant de neige sur mon pays* de Marc Baron © Pluie d'étoiles éditions, 2008.

POÈME 3

Aujourd'hui dans la lumière

Deux pies piétinent les pâquerettes
Avec appétit

Les feuilles mortes de l'année dernière
Parlent en patois

C'est pas moi
C'est pas toi

C'est

Le premier jour du printemps
Qui claque des dents.

■ Lise Mathieu, Charles Giai-Gischia, *Petits poèmes en pyjama* © Le Faune éditeur, 2018.

Je découvre les poèmes

1 Écoute les poèmes 2 et 3. Lequel préfères-tu ? Pourquoi ?

2 Regarde les poèmes sur la page. À quoi vois-tu que ce sont des poèmes ?

Vocabulaire pour mieux lire

POÈME 2

3 Donne le sens du mot *épi* (vers 4). À quel mot du vers 3 peux-tu le rattacher ?

4 ☆ À quelle date du calendrier se situe *le bout de l'an* (vers 12) ?

POÈME 3

5 **a.** Cherche le sens du nom *patois*.
☆ **b.** À ton avis, pourquoi l'auteure l'emploie-t-elle ici ?
c. Lis le poème à voix haute. Dans quel vers entends-tu aussi « *pa/toi* » ?

Je comprends

POÈME 2

6 Quelle saison est terminée ? Quelle saison est arrivée ?

7 Relève et classe ce qui appartient à chacune.

8 ☆ Au vers 11, à quoi le poète compare-t-il le *champ de neige* (vers 10) ? Pourquoi ?

POÈME 3

9 ☆ **a.** Relis le titre du poème. Quand a-t-il été écrit ?
b. Quelles autres indications de temps trouves-tu dans le poème ?

10 Quel son revient dans les deux premiers vers ? Amuse-toi à les lire en insistant sur ce son.

11 ☆ STRATÉGIE : J'utilise mes connaissances.
Selon toi, pourquoi l'auteure écrit-elle que le printemps *claque des dents* ?

Échanger

12 Quelle saison préfères-tu ? Pourquoi ?

Atelier • LIRE UN POÈME À PLUSIEURS

À CINQ Lisez le poème 3 : un lecteur pour les vers 1 et 2 ; un autre pour les vers 3 et 4 ; deux lecteurs pour les vers 5 et 6 ; un cinquième lecteur pour les trois derniers vers.

COMMENT FAIRE ?

ÉTAPE 1 Répartissez-vous les vers.

ÉTAPE 2 **INDIVIDUELLEMENT** Surligne les vers que tu vas dire. Entraine-toi à les dire sans erreur en mettant en valeur les sonorités et le rythme du poème (par exemple, fais une pause longue à la fin du vers 7).

ÉTAPE 3 **ENSEMBLE** Entrainez-vous à enchainer les vers.

MANUEL INTERACTIF • Le poème lu par un comédien

POÈME 4

La ronde des mois

Ils sont douze sur le seuil,
Douze messieurs très sérieux,
Clignant doucement de l'œil
Et prenant l'air mystérieux.

Au premier coup de minuit,
Le premier salue, s'avance,
Et le deuxième le suit,
Puis tous les autres s'élancent,

Et les voilà tout en rond,
Saluant l'année nouvelle
Comme de joyeux lurons[1]
Lancés dans la ribambelle.

■ *La Ronde des mois*, Françoise Morvan, illustré par Julia Waignier © Éditions Memo, 2014.

Les mots difficiles

1. **joyeux lurons** : personnes toujours prêtes à s'amuser.

Je découvre le poème

1. Regarde le poème sur la page.
À quoi vois-tu qu'il s'agit d'un poème ?

Vocabulaire pour mieux lire

2. Trouve le mot *seuil* dans un dictionnaire.
Donne sa définition.

3. ☆ De quel *seuil* (vers 1) s'agit-il dans le poème ?

Je comprends

4. Qui sont les *douze messieurs* du poème ?

5. ☆ Recopie les expressions qui montrent qu'ils font la ronde.

6. Sont-ils heureux ou malheureux ? Comment le sais-tu ?

Dessiner et interpréter

7. Dessine à ta façon un des douze messieurs du poème.
   - Choisis un mois, puis trouve un objet qui pourrait le représenter.
   - Entraine-toi à dessiner à ta façon le « monsieur » et l'objet qui représentent le mois que tu as choisi.
   - Reproduis ton dessin au propre.
   - Explique-le à tes camarades : dis pourquoi tu as choisi cet objet, ces couleurs…

Atelier • MIMER UN POÈME

À DOUZE Représentez les personnages de la ronde des mois en les mimant.

COMMENT FAIRE ?

ÉTAPE 1 Écoutez la mise en voix du poème par un comédien.
Lisez le poème silencieusement.

ÉTAPE 2 Mimez la strophe 1 :
– placez-vous sur le seuil d'une porte ;
– prenez un air sérieux ;
– faites des clins d'œil.

ÉTAPE 3 Mimez la strophe 2 : avancez-vous lentement les uns après les autres et saluez.

ÉTAPE 4 Mimez la strophe 3 : faites une ronde.

ÉTAPE 5 Entrainez-vous à enchainer le mime des trois strophes en vous synchronisant sur la lecture du comédien.

ÉTAPE 6 Présentez votre mime devant vos camarades.

MANUEL INTERACTIF
- Le poème chanté par les Frères Jacques
- Le poème à photocopier pour l'atelier

POÈME 5

Chanson pour les enfants l'hiver

Dans la nuit de l'hiver
galope un grand homme blanc
galope un grand homme blanc

C'est un bonhomme de neige
avec une pipe en bois
un grand bonhomme de neige
poursuivi par le froid

Il arrive au village
il arrive au village
voyant de la lumière
le voilà rassuré

Dans une petite maison
il entre sans frapper
Dans une petite maison
il entre sans frapper
et pour se réchauffer
et pour se réchauffer
s'assoit sur le poêle rouge
et d'un coup disparait
ne laissant que sa pipe
au milieu d'une flaque d'eau
ne laissant que sa pipe
et puis son vieux chapeau…

■ Jacques Prévert, *Chanson pour les enfants l'hiver*, in *Histoires et d'autres histoires*,

Je découvre le poème

1. Lis silencieusement le poème, puis écoute la chanson.
   À ton avis, les Frères Jacques ont-ils bien interprété le poème de Jacques Prévert ?

Vocabulaire pour mieux lire

2. Dans ton dictionnaire, trouve un synonyme de *poursuivi* (vers 7).
3. Trouve un mot invariable pour remplacer *d'un coup* (vers 19).

Je comprends

4. Quels mots donnent l'impression que le bonhomme de neige est vivant ?
5. Quelle erreur commet le bonhomme de neige ? Raconte ce qui lui arrive avec tes mots.
6. À ton avis, le poète est-il sérieux ?

Dessiner et interpréter

7. Choisis une strophe du poème. Recopie-la et illustre-la.

Atelier • CHANTER UN POÈME

TOUTE LA CLASSE Apprenez le poème par cœur et chantez-le à la manière des Frères Jacques.

COMMENT FAIRE ?

ÉTAPE 1 Écoutez plusieurs fois la chanson des Frères Jacques.

ÉTAPE 2 Apprenez le poème par cœur.

ÉTAPE 3 Entrainez-vous à chanter le poème ensemble.

ÉTAPE 4 Pour illustrer votre chant, vous pouvez afficher les dessins que vous avez réalisés, ou les tenir devant vous.

JE LIS DE MIEUX EN MIEUX

1 Lis les phrases sans faire d'erreur.

- Juchés sagement sur un gentil nuage, Janvier et Juillet échangent leurs jolis joujoux.
- Dans l'ombre des arbres, Novembre et Décembre font vibrer leurs vertèbres.
- Pour faire une farce, Mars verse du jus de limace dans la tasse du marsouin.

2 Lis à toute vitesse les dictons des mois de l'année.

Janvier est tout gelé.
Février reste muet.
Mars cherche un comparse.
Avril est malhabile.
Mai est un bouquet.
Juin se voit de loin.

Juillet cherche le frais.
Aout essuie ses gouttes.
Septembre est de l'ambre.
Octobre est très sombre.
Novembre reste à la chambre.
Décembre sent le gingembre.

3 a. Repère les quatre vers mis bout à bout. Lis la strophe en faisant des pauses à la fin de chaque vers.

Je suis juin, le mois des roses, L'œil brillant, la peau vermeille, Gai, rayonnant, franc, sans pose, Tout ruisselant de soleil.

La Ronde des mois, Françoise Morvan, illustré par Julia Waignier

b. Recopie la strophe en séparant les vers.

CARNET DE LECTURE

JE DÉCOUVRE DES ALBUMS SUR LA NATURE

Un grand jour de rien de Béatrice Alemagna (Albin Michel Jeunesse, 2016)

Un enfant fait tomber sa console de jeux dans l'eau. Il découvre alors une nature mystérieuse et magique.

Folles saisons de Jean-François Chabas, illustré par David Sala (Casterman, 2013)

L'été rend visite à l'hiver sans se préoccuper de l'automne. Celui-ci se venge en rencontrant le printemps. Désormais, le chaos règne sur la Terre. Comment Grand-Mère Nature ramènera-t-elle l'ordre des saisons ?

THÈME • LES VOYAGES

9

Les amis voyageurs

LETTRE - ALBUM - CONTE

Pour commencer

- Qui écrit la lettre ? À qui ?
- Où se trouve l'auteur de la lettre ?
- Que manque-t-il sur cette carte postale ? Écris-le.

LIRE UNE LETTRE

MANUEL INTERACTIF • *La lettre lue par une comédienne*

THÈME • LES VOYAGES

Lettre de l'Ourse à l'Oiseau

L'Ourse est très malheureuse car l'Oiseau a dû la quitter pour migrer vers le Sud, comme chaque année. Elle décide de lui écrire tous les jours.

Cher Oiseau,

Aujourd'hui, j'ai pris une grande décision. Je viens te retrouver à l'autre bout du monde.
Tous les copains m'ont souhaité bon voyage.
« Ne prends pas chaud » m'a dit Blaireau.
« Rapporte-moi une noix de coco » m'a dit Renard.
« On pensera à toi » m'a dit Castor.

Ils m'ont donné une noisette porte-bonheur, un oreiller en fougères et un dessin du lac.
Ainsi, j'emporte un peu de chacun d'eux dans ma fourrure.
Ces petites choses me réconforteront si je suis triste parfois.

Mon Oiseau, me voilà !
Ton Ourse

■ Gauthier David, Marie Caudry, *Les Lettres de l'ourse*

LISTES DE RÉFÉRENCE

Vocabulaire pour mieux lire

1 **a.** Quel mot l'Ourse emploie-t-elle pour désigner Blaireau, Renard et Castor ?

b. Donne un synonyme en langage courant.

2 STRATÉGIE : Je cherche le sens d'un mot inconnu.

Donne le sens du verbe *réconforteront* (l. 11) en t'appuyant sur le reste de la phrase.

Je comprends

3 ☆ Quand l'Ourse écrit la lettre, où se trouve-t-elle ? Et où se trouve l'Oiseau ?

4 **a.** Relève les deux groupes nominaux utilisés par l'Ourse pour désigner l'Oiseau.

b. Quels sont ses sentiments envers lui ?

5 **a.** Quelle nouvelle l'Ourse annonce-t-elle à l'Oiseau ?

b. Que va-t-elle devoir faire pour réaliser son projet ?

6 **a.** Blaireau, Renard et Castor acceptent-ils le départ de l'Ourse ?

b. À ton avis, quels sont leurs sentiments ?

7 ☆ Comment l'Ourse se console-t-elle d'avoir à se séparer d'eux ?

Entre les lignes

8 **a.** Selon Renard, l'Ourse restera-t-elle définitivement dans le Sud ?

b. STRATÉGIE : J'utilise mes connaissances.

Renard a-t-il raison de penser ainsi ? Pourquoi ?

J'écris

9 Imagine et écris les phrases que d'autres animaux ont adressées à l'Ourse avant son départ (par exemple : le renne, le loup...).

Atelier • ÉCRIRE UNE LETTRE

À DEUX Quelques jours plus tard, l'Ourse est partie. Écris la lettre que Blaireau, Renard et Castor lui adressent depuis le Nord.

COMMENT FAIRE ?

ÉTAPE 1 Mettez-vous d'accord sur le contenu de la lettre : les animaux peuvent raconter à l'Ourse un évènement qui s'est produit depuis son départ, lui parler du froid...

ÉTAPE 2 Notez vos idées au brouillon.

ÉTAPE 3 Rédigez une phrase pour chaque idée.

ÉTAPE 4 Composez votre lettre en vous inspirant de la lettre de l'Ourse : utilisez une formule de début et une formule de fin, signez votre lettre.

MANUEL INTERACTIF
- Le texte lu par des comédiens
- Le tableau à photocopier pour la question 6

La baleine et le souriceau

Amos le souriceau a construit un bateau pour découvrir la mer. Mais un jour, il fait naufrage. Heureusement, une baleine a repéré sa petite tête à la surface des vagues.

– Quelle sorte de poisson es-tu donc ? demanda-t-elle. Tu dois être une espèce unique.

– Je ne suis pas un poisson, répondit Amos. Je suis une souris, un mammifère, la forme supérieure de la vie. Je vis sur terre.

– Nom d'une palourde[1] et d'une seiche[2] ! s'exclama la baleine. Moi aussi, je suis un mammifère, bien que je vive dans la mer. Je m'appelle Boris.

Amos se présenta et raconta à Boris comment il en était venu à se trouver là, au milieu de l'océan.

Boris affirma qu'il serait heureux d'emmener Amos en Côte d'Ivoire, où il devait se rendre pour assister à une assemblée de baleines en provenance des sept mers.

Mais Amos répondit qu'il avait connu assez d'aventures pour un temps. Il voulait surtout rentrer chez lui et espérait que la baleine voudrait bien faire un détour pour l'y ramener.

– Non seulement cela ne me dérangerait pas, dit Boris, mais ce serait un plaisir pour moi. Quelle autre baleine, sur tous les océans du monde, a jamais eu l'occasion de rencontrer une créature aussi bizarre que toi ! Monte à bord, s'il te plait.

Et Amos grimpa sur le dos de Boris.

■ William Steig, *Amos et Boris*, traduit par Catherine Deloraine © Gallimard jeunesse. LISTES DE RÉFÉRENCE

Les mots difficiles

1. palourde : petit coquillage.

2. seiche : animal marin de la famille des pieuvres.

Vocabulaire pour mieux lire

1 Trouve dans les lignes 13 à 15 un mot de la famille d'*emmener* (l. 10).

2 Que signifie l'expression *faire un détour* (l. 15) ?

Je comprends

3 Qui est Amos ? Qui est Boris ?

4 Avant de rencontrer la baleine, dans quelle situation Amos se trouve-t-il ?

5 STRATÉGIE : Je cherche dans le texte.
La rencontre d'une baleine et d'une souris est-elle habituelle ?
Recopie la phrase qui le dit.

6 ☆ Dans le tableau photocopié, note les points communs et les différences entre Amos et Boris.

Points communs	Différences

7 Après sa rencontre avec Boris, Amos a-t-il envie de poursuivre l'aventure ? Justifie ta réponse.

8 ☆ Choisis trois adjectifs qui correspondent à Boris :

égoïste — curieux — gentil — indifférent — solidaire

Entre les lignes

9 *Monte à bord* (l. 19) : pourquoi cette expression est-elle drôle ?

Atelier — TRANSPOSER UN RÉCIT EN DIALOGUE

À DEUX Relisez les lignes 10 à 15 et imaginez le dialogue entre Amos et Boris.

COMMENT FAIRE ?

ÉTAPE **1** Choisissez chacun un personnage. Au brouillon, écrivez les paroles de votre personnage en utilisant la 1re personne. Par exemple, pour « *Amos se présenta et raconta à Boris* » écrivez :

– *Je m'appelle Amos. Je suis parti de chez moi…*

ÉTAPE **2** Lisez-vous les répliques l'un à l'autre, pour vérifier que votre dialogue se comprend bien.

ÉTAPE **3** Recopiez le dialogue au propre.

MANUEL INTERACTIF
· Le texte lu par un comédien
· Le conte Poucette en entier

À dos d'hirondelle

Haute comme un pouce, Poucette s'est refugiée dans le trou d'une souris. L'automne venu, la souris veut l'obliger à épouser une taupe. Poucette se désespère, mais elle aperçoit l'hirondelle qu'elle a sauvée quelques mois plus tôt.

– Voilà le froid de l'hiver qui vient, dit la petite hirondelle. Je m'envole au loin vers les pays chauds, veux-tu venir avec moi ? Tu peux te mettre sur mon dos, tu n'auras qu'à t'attacher fortement avec ta ceinture. Alors, nous nous envolerons loin de la vilaine taupe et de sa sombre maison. Nous volerons bien loin par-dessus les montagnes jusqu'aux pays chauds où le soleil luit, plus beau qu'ici, où c'est toujours l'été. Viens voler avec moi, chère petite Poucette qui m'a sauvé la vie lorsque j'étais étendue, gelée, dans le sombre trou de terre !

– Oui, j'irai avec toi, dit Poucette, qui se mit sur le dos de l'oiseau.

Elle posa les pieds sur les ailes de l'oiseau, et attacha fortement sa ceinture à une de ses plus grosses plumes. Ainsi, l'hirondelle s'éleva haut dans l'air, au-dessus de la forêt et au-dessus de la mer, haut au-dessus des grandes montagnes, toujours couvertes de neige.

Quand Poucette avait froid dans l'air glacé, elle se recroquevillait[1] sous les plumes chaudes de l'oiseau, et passait seulement sa petite tête pour voir toute la splendeur étalée sous elle.

Elles arrivèrent aux pays chauds. Le soleil y brillait, beaucoup plus lumineux qu'ici. Le ciel était deux fois plus élevé, et dans les fossés et sur les haies poussaient de délicieux raisins blancs et bleus.

■ Hans Christian Andersen, *Poucette*, d'après la traduction de P. G. La Chesnais.

LISTES DE RÉFÉRENCE

Les mots difficiles

1. se recroquevillait : se repliait sur elle-même.

Vocabulaire pour mieux lire

1 ☆ Trouve un synonyme de *fortement* (l. 3).

2 Quel est l'infinitif du verbe *luit* (l. 6) ? Cherche sa définition dans ton dictionnaire.

3 *toujours couvertes de neige* (l. 14) : trouve un adjectif synonyme de cette expression.

4 ☆ Donne un nom et un verbe de la famille de *lumineux* (l. 19).

Je comprends

5 Remets les phrases dans l'ordre de l'histoire.

A L'hirondelle emmène Poucette dans les pays chauds.

B La souris veut obliger Poucette à épouser la taupe.

C Poucette se réfugie dans le trou d'une souris.

6 Trouve la phrase qui explique pourquoi l'hirondelle ressent de l'affection envers Poucette.

Recopie-la.

7 Quelle proposition l'hirondelle fait-elle à Poucette ?

8 STRATÉGIE : Je fais des liens.

Pourquoi Poucette accepte-t-elle de partir avec l'hirondelle ?

9 a. Relève les expressions qui décrivent les pays chauds.

b. Relève les expressions qui évoquent le froid.

Entre les lignes

10 Pourquoi Poucette porte-t-elle ce nom ? Relis le texte en bleu pour répondre.

Dessiner

11 Arrivée à terre, Poucette rencontre un homme de sa taille. C'est le prince des fleurs.

Lis le texte et dessine le prince des fleurs.

Un petit homme se tenait assis dans une fleur, haute d'un pouce à peine. Il portait sur la tête une couronne d'or, et sur les épaules, des ailes brillantes.

JE LIS DE MIEUX EN MIEUX

1 **Lis la phrase en faisant sonner le son qui revient.**

Alors que la grande goélette vogue en direction du golfe de Gascogne, les vagues grossissent et font grincer le gréement.

2 **a. Lis ces noms de pays le plus vite possible.**

Madagascar | Mozambique | Botswana
Mauritanie | Égypte | Namibie

b. Lis ces noms de villes le plus vite possible.

Carthagène | Sao Paulo | Santiago
Cochabamba | Barquisimeto

3 **Lis le dialogue entre Boris et Amos en mettant le ton.**

– Quelle sorte de poisson es-tu donc ? Tu dois être une espèce unique.
– Je ne suis pas un poisson. Je suis une souris, un mammifère, la forme supérieure de la vie. Je vis sur terre.
– Nom d'une palourde et d'une seiche ! Moi aussi, je suis un mammifère, bien que je vive dans la mer. Je m'appelle Boris.

■ William Steig, *Amos et Boris*, traduit par Catherine Deloraine © Gallimard jeunesse.

JE JOUE AVEC LES MOTS

MANUEL INTERACTIF • *La grille à photocopier*

4 **Complète la grille à l'aide des définitions et trouve le mot mystère (cases bleues).**

DÉFINITIONS

1. Elle sert à emporter ses affaires lorsqu'on part en voyage.
2. Se déplacer dans les airs.
3. Il a des nageoires.
4. L'oiseau qui emmène Poucette sur son dos.
5. En hiver, elle tombe en flocons.

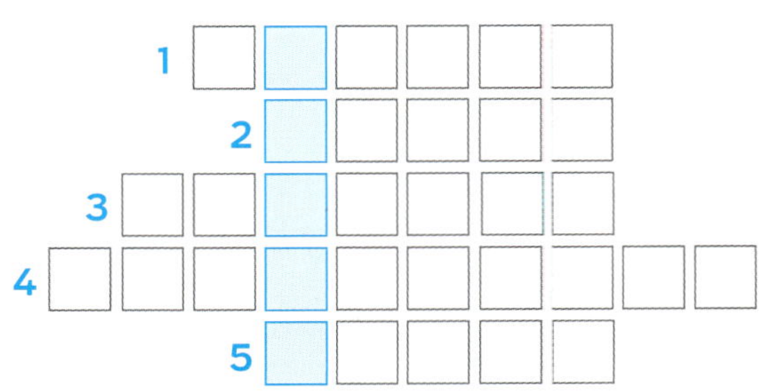

10

THÈME • LES VOYAGES

L'ile aux pirates

Arnaud Alméras
Illustrations de Joann Sfar

LIRE UN ROMAN D'AVENTURES

Cette nuit-là, les marins du *Conquérant* sont bien décidés à s'amuser. Dès qu'ils posent le pied sur la terre ferme, ils se précipitent vers une taverne. Pourtant, Quentin, le mousse, hésite au moment d'entrer. Il repense aux paroles du capitaine, qui est resté sur le bateau : « Amusez-vous, les gars, mais ne parlez à personne du secret du *Conquérant* ! »
Les marins, impatients, poussent Quentin :
– Avance donc, on ne va pas rester plantés là !

●●● suite page 86

Pour commencer

- Que risque-t-il de se passer une fois que les marins seront dans la taverne ?

L'ile aux pirates (1)

●●● début du texte page 85

L'équipage se jette sur les bancs. Quentin a du mal à trouver une place. Il finit par s'installer tout au bout de la table.

– Tavernier, apporte-nous du rhum ! crie le plus vieux des marins.

Bientôt tous rient, chantent et se mettent à parler… À la table d'à côté, un groupe d'hommes dresse l'oreille.

L'un d'eux s'approche. Ses longs cheveux verdâtres n'ont pas dû être peignés depuis dix ans. Il pose ses deux mains crochues sur la table, et il se penche vers les marins :

– Salut, je me présente, je suis Sam la Pieuvre. Est-ce qu'on peut se joindre à vous, les gars ?

Il se redresse en faisant voler ses cheveux qui ressemblent à des tentacules :

– Tavernier ! Sers ton meilleur rhum à nos amis !

Bientôt, les langues des marins se délient[1]. Le plus vieux marin du *Conquérant* raconte :

– On arrive de Constantinople[2]. Demain on repart pour Venise. Le capitaine veut vendre là-bas les marchandises que transporte notre bateau.

Le voisin de Quentin ajoute :

– Dans les soutes[3] du *Conquérant* se trouve une vraie fortune : des tissus, des parfums, des bijoux. Mais surtout il y a un objet extraordinaire…

Quentin lui coupe la parole :

– Ça doit rester secret !

Mais le marin continue sans se soucier de lui :

– Le capitaine d'Almeida rapporte une rose des vents magique !

« Quels idiots ! pense Quentin. Tout le monde va vouloir s'emparer de notre rose des vents, maintenant ! » Il voit bien que les yeux de Sam la Pieuvre se mettent à briller comme des braises. D'ailleurs, l'homme demande :

– Une rose des vents magique ? Allons donc, vous me prenez pour un imbécile !

Le vieux marin secoue la tête :

– Pas du tout ! Avec cette merveille, un navigateur peut commander aux vents. Il va où il veut pour vendre ses marchandises : le vent souffle toujours dans la direction qu'il désire…

Cette fois, Quentin explose :

– Taisez-vous ! Si le capitaine était là…

À ce moment-là, Sam la Pieuvre gronde :

– Qu'est-ce que c'est que ce mioche qui nous empêche de parler entre vieux matelots ? Tu nous fatigues !

Le voisin de Quentin l'attrape par le col :

– Il a raison, on est entre amis, laisse-nous tranquilles ! Fiche le camp, ou bien on va te donner une bonne correction…

Et les marins jettent le mousse dehors.

Quentin serre les poings et va trainer sur le port. Mais la nuit est froide. Il frissonne, et il retourne au bateau pour se glisser dans sa couchette.

Au matin, le *Conquérant* repart en mer. Après une journée de navigation sans histoire, l'équipage va se coucher, sauf les hommes de quart[4].

Les mots difficiles

1. **les langues des marins se délient :** les marins deviennent bavards.
2. **Constantinople :** ancien nom d'Istanbul, en Turquie.
3. **les soutes :** les réserves de marchandises situées sous le pont du bateau.
4. **les hommes de quart :** les marins qui effectuent les manœuvres du bateau.

Cette nuit-là, Quentin fait un cauchemar terrible : une pieuvre à tête humaine l'entraine au fond de l'eau. Il se réveille en sueur.

C'est alors qu'il voit sur le pont des ombres qui glissent de toutes parts. La lune éclaire le visage d'un des assaillants :

– Sam la Pieuvre ! murmure Quentin.

Il entend des bruits de bagarre et des coups de feu. Il voit des silhouettes tomber à l'eau et, derrière elles, il devine les contours d'une ile toute proche. Quentin comprend : « L'équipage a trop parlé, et les pirates ont suivi le *Conquérant*… Ils ont attendu que nous passions près de leur ile pour nous attaquer. »

Quentin s'arme de son couteau, et il monte sur le pont pour défendre le navire.

Mais au moment où il passe devant la cabine du capitaine, celui-ci le tire par le bras :

– Cache-toi dans ce coffre, là, à l'entrée de ma cabine !

– Mais je veux me battre avec vous !

– Trop tard, ce n'est plus la peine. Les pirates sont maitres du bateau. Vas-y !

Le capitaine donne trois coups d'épée sur le couvercle du coffre.

– Voilà de quoi respirer. Et, si tu en as l'occasion, essaie de te sauver.

Quentin s'exclame :

– Pour sûr ! Je ne moisirai pas là-dedans !

– Sois prudent ! Adieu ! dit le capitaine.

Et le couvercle se referme sur le mousse.

●●● suite page 90

■ *L'Ile aux pirates*, d'Arnaud Alméras, illustré par Joann Sfar, collection « J'Aime Lire », tome 7

LISTES DE RÉFÉRENCE

Vocabulaire pour mieux lire

1 De quel mot vient l'adjectif *verdâtres* (p. 86, l. 7) ?
Trouve d'autres adjectifs formés de la même manière.

2 Donne le sens du nom masculin *le mousse* (p. 87, l. 46), puis celui du nom féminin *la mousse*.

3 Donne un synonyme du nom *assaillants* (p. 88, l. 56).

4 ☆ À DEUX Relevez les mots en rapport avec les bateaux.
Classez-les par ordre alphabétique.

Je comprends

5 Associe le nom du personnage à sa fonction dans l'histoire.

PERSONNAGES :
- Quentin
- Sam la Pieuvre
- le capitaine d'Almeida

FONCTIONS :
- un capitaine de navire
- un pirate
- un mousse

6 **a.** Décris Sam la Pieuvre en t'appuyant sur le texte (p. 86, l. 7 à 9) et sur l'illustration (p. 87).
b. Connais-tu d'autres pirates ? Donne leurs noms.

7 Relis les lignes 17 à 19 (p. 86).
a. D'où viennent les marins du *Conquérant* ?
b. Où vont-ils ?
c. Que transporte leur bateau ?

8 ☆ **a.** À quoi sert la *rose des vents magique* (p. 87, l. 35 à 37) ?
b. Pourquoi ne fallait-il pas révéler son secret ?

9 STRATÉGIE : Je cherche dans le texte.
Relis les lignes 60 à 62 (p. 88).

> Quentin comprend : « L'équipage a trop parlé, et les pirates ont suivi le *Conquérant*… Ils ont attendu que nous passions près de leur ile pour nous attaquer. »

Les marins du *Conquérant* se trouvent :
A près de leur ile
B près de l'ile des pirates

10 Remets dans l'ordre les étapes de la fin de l'épisode (p. 88, l. 53 à 77).
A Le *Conquérant* est attaqué par les hommes de Sam la Pieuvre.
B Le capitaine cache Quentin dans un coffre.
C Pendant la nuit, Quentin fait un cauchemar.

Entre les lignes

11 ☆ Selon toi, quelles sont les qualités de Quentin dans cet épisode ?

Échanger

12 *Pour sûr ! Je ne moisirai pas là-dedans !* (p. 88, l. 75)
À ton avis, que va-t-il arriver à Quentin ?

L'ile aux pirates (2)

••• suite de la page 88

Quentin entend bientôt la voix rauque de Sam la Pieuvre qui ordonne :

– Allez, dépêchez-vous, rassemblez les tonneaux et les coffres sur le pont. Et réunissez l'équipage dans la cale[1].

Quentin frissonne dans le noir : « Pourvu que personne ne pense à ouvrir ce coffre ! »

Il entend Sam la Pieuvre qui s'adresse aux marins du *Conquérant* :

– Je vous aurais bien jetés à la mer. Ça m'aurait amusé. Mais les temps sont durs, j'ai besoin d'un peu d'or… Je vais vous vendre comme esclaves.

Alors la voix du capitaine s'élève :

– Je suis le marquis d'Almeida… Je préfère mourir plutôt que d'être vendu ! Tuez-moi !

Sam la Pieuvre ricane :

– Un marquis ? Tiens, tiens. Eh bien, monsieur le marquis, je ne vous vendrai pas comme esclave… Je demanderai une rançon[2], je suis sûr qu'on paiera une très belle somme pour vous récupérer !

Puis le pirate ajoute d'une voix tonitruante :

– Allez-y, les gars ! Emportez-moi ça !

Tout à coup, Quentin est secoué en tous sens : les pirates ont empoigné le coffre dans lequel il se cache. Puis il entend le clapotis des vagues toutes proches et le bruit des rames qui frappent l'eau. Il comprend qu'il est dans une barque qui l'emmène jusqu'à l'ile des pirates.

Bientôt, le coffre est déposé sur le sol. Quentin entend Sam la Pieuvre qui dit :

– On reviendra voir le butin[3] plus tard. Pour l'instant, il faut que je m'occupe de quelque chose…

Quentin attend quelques minutes pour être sûr qu'il est seul, puis, à l'aide de son couteau, il fait sauter la serrure du coffre.

Il soulève tout doucement le couvercle. Il découvre alors qu'il est dans une caverne.

Il cherche le coin le plus obscur pour se cacher, et il se glisse derrière d'énormes caisses et des rouleaux de soieries précieuses.

Mais, déjà, Quentin entend du bruit : les pirates ouvrent la grande porte de bambou qui ferme la caverne. Le mousse risque un œil hors de sa cachette, et aperçoit Sam la Pieuvre. Le pirate se retourne et ordonne :

– Attendez-moi dehors !

Son rire affreux résonne sur les murs de la caverne.

– Ha ! ha ! ha ! Ce capitaine a fini par parler. Il a du courage… mais personne ne peut résister à Sam la Pieuvre. Et maintenant, à moi la rose des vents magique ! Ha ! ha ! ha ! ma fortune est faite !

Quentin a la chair de poule : il en est sûr, Sam la Pieuvre va faire souffler la tempête, grâce à cette rose des vents. Il va faire échouer les navires contre les récifs[4] qui entourent son ile.

Les mots difficiles

1. la cale : l'intérieur du bateau, sous le pont.

2. une rançon : une somme d'argent en échange de la vie du marquis.

3. le butin : ce qui a été volé sur le *Conquérant*.

4. les récifs : les rochers.

Et il n'aura plus qu'à attendre les naufrages pour aller piller tranquillement les épaves[5]…

Sam la Pieuvre regarde autour de lui :

– Je vais commencer par bien cacher cette rose des vents…

Sam se dirige vers le coffre où Quentin était caché un instant plus tôt. Le pirate déplace le coffre, il creuse un trou dans le sable, il y enfouit la rose des vents, et il replace le coffre dessus :

– Personne n'aura l'idée de venir chercher là… Je resterai le seul à commander aux vents !

Quand Sam est parti, Quentin quitte sa cachette. Il prend le bout de chandelle[6] que le pirate a oublié d'éteindre, puis il s'approche de la porte sur la pointe des pieds. Là, il colle son œil contre une fente entre deux bambous, et il voit briller la boucle d'une ceinture.

●●● suite page 94

■ *L'Ile aux pirates*, d'Arnaud Alméras, illustré par Joann Sfar, collection « J'Aime Lire », tome 7 © 2013, Bayard Éditions.

LISTES DE RÉFÉRENCE

Les mots difficiles

5. piller tranquillement les épaves : voler tranquillement la cargaison des bateaux échoués.

6. chandelle : bougie.

Vocabulaire pour mieux lire

1 Cherche le sens de l'adjectif *rauque* dans ton dictionnaire (p. 90, l. 1).

2 ☆ Que signifie le mot *soieries* (p. 91, l. 34) ? À partir de quel nom est-il construit ?
Donne l'adjectif correspondant (vérifie dans un dictionnaire).

3 *Quentin a la chair de poule* (p. 91, l. 44) : donne une expression de même sens.

4 ☆ À DEUX Relevez les mots en rapport avec les pirates.
Classez-les par ordre alphabétique.

Je comprends

5 Lignes 1 à 25 (p. 90-91) :
a. Où Quentin se trouve-t-il au début de l'épisode ?
b. Où se trouve-t-il ensuite ?
c. Explique comment il a changé de lieu.

6 Complète les phrases.
a. Sam la Pieuvre veut vendre les marins comme .... .
b. Il veut demander une rançon en échange du .... .

7 ☆ STRATÉGIE : Je fais des liens.

> – Ce capitaine a fini par parler. Il a du courage… mais personne ne peut résister à Sam la Pieuvre.

Explique ce que le capitaine a révélé à Sam la Pieuvre.

8 ☆ Sam dit : *Personne n'aura l'idée de venir chercher là* (p. 92, l. 54).
Sam a-t-il raison ou tort ?

9 ☆ Quentin *voit briller la boucle d'une ceinture* (p. 92, l. 59).
Qui porte cette ceinture ?

Entre les lignes

10 ☆ Quand Sam la Pieuvre entre dans la caverne, où est la rose des vents ?

Atelier • ÉCRIRE UNE SUITE

À DEUX Imaginez ce qui va se passer après cet épisode et écrivez la suite de l'histoire.

COMMENT FAIRE ?

ÉTAPE 1 Rappelez-vous quelle est la situation de Quentin à la fin de l'épisode. Imaginez ce qui va se passer. Racontez-vous cette suite l'un à l'autre.

ÉTAPE 2 Listez les étapes de votre suite au brouillon. Chaque étape deviendra une phrase de votre histoire.

ÉTAPE 3 Rédigez les phrases à tour de rôle en utilisant des mots de liaison : *Alors, Puis, Plus tard...*

ÉTAPE 4 Vérifiez l'orthographe des mots et les terminaisons des verbes.

L'ile aux pirates (3)

••• suite de la page 92

Quentin retourne dans le fond de la caverne. Il soupire :

– Jamais je ne pourrai sortir d'ici, la seule issue est gardée par un pirate… À moins que…

Vite, il creuse le sable à l'endroit où Sam a caché la rose des vents. Il la prend. Elle est en or. Une étoile est gravée sur le dessus. Chaque branche porte des noms de vent. Il suffit d'orienter l'aiguille du cadran vers le vent que l'on veut faire souffler et de prononcer la formule magique gravée tout autour du cadran :

Par la rose des vents,
par la rose d'Orient,
soufflez, vents marins,
soufflez, vents malins.

Quentin tourne et retourne la rose des vents dans ses mains et soudain il aperçoit, écrit en tout petit :

Des trente-trois vents, le dernier
est surement le mieux caché.

À cet instant, la chandelle s'éteint, et Quentin se retrouve dans le noir. À tâtons[1], il cache la rose des vents là où Sam l'avait mise. Et il retourne se cacher dans les rouleaux de tissus. Tant bien que mal, il essaie de s'endormir… Toute la nuit, la mystérieuse phrase gravée sous la rose des vents lui tourne dans la tête.

Le lendemain, à l'aube[2], Quentin se dépêche de déterrer la rose des vents.

Il la regarde à la lueur du rayon de soleil qui filtre à travers la porte. Il relit encore une fois les mots gravés en tout petit :

Des trente-trois vents, le dernier
est surement le mieux caché.

Quentin compte tous les vents inscrits :

– Pourquoi trente-trois vents ? Il y a toujours eu trente-deux vents marins…

Soudain, il entend un bruit contre la porte. Il sursaute, croyant que les pirates reviennent. Et, sans le faire exprès, il enfonce son doigt dans un petit creux au cœur de la rose des vents…

Par chance, personne n'ouvre la palissade[3].

– Fausse alerte, soupire Quentin.

Et lorsqu'il baisse les yeux, il découvre que le cadran de la rose des vents cachait un double fond.

Sur ce fond, une autre formule est gravée :

Tout autour de cette formule est dessinée une farandole d'êtres bizarres qui se donnent la main. Les yeux de Quentin se mettent à briller :

– Ça y est, je sais comment m'enfuir…

Il sent son cœur cogner fort dans sa poitrine. Il hésite un instant, puis il prononce la formule magique.

Aussitôt, un vent tourbillonnant se lève sur l'ile. La porte se met à trembler, le vent siffle dans les arbres. Quentin court se blottir au fond de la caverne.

Dehors, des marins chantent à tue-tête. Des coups de feu éclatent. Des cavalcades, des rires, des cris résonnent jusqu'à Quentin.

Les mots difficiles

1. à tâtons : en touchant avec sa main.

2. à l'aube : au lever du jour.

3. la palissade : les planches qui ferment la caverne.

Il entend aussi les tonneaux de rhum rouler, des pirates parler comme des enfants, d'autres se battre comme des chiffonniers…

Un étrange tintamarre règne sur l'ile.

La nuit venue, le vent de folie cesse de souffler, et le silence retombe sur l'ile. Quentin s'approche de la palissade.

« Mon garde n'a pas l'air d'être à son poste ! Maintenant, je peux y aller… »

Quentin arrache la serrure de la porte et il prend soin de tout remettre en ordre.

Dehors, il découvre un spectacle stupéfiant. Les pirates se sont tous écroulés de fatigue. Certains dorment dans les arbres, d'autres ont creusé des trous dans la plage… Le campement est sens dessus dessous[4], on dirait un vrai champ de bataille.

Tout à coup, il aperçoit une cage en bambou :

– Le capitaine !

Quentin se précipite vers le marquis d'Almeida et le libère.

Le marquis chancèle[5], il s'agrippe au bras de Quentin en murmurant :

– Quentin, je ne sais pas ce qui est arrivé… Il s'est passé des choses incroyables, mais je n'arrive pas bien à me souvenir…

●●● suite page 98

■ *L'Ile aux pirates*, d'Arnaud Alméras, illustré par Joann Sfar, collection « J'Aime Lire », tome 7 © 2013, Bayard Éditions.

LISTES DE RÉFÉRENCE

Les mots difficiles

4. sens dessus dessous : en désordre.

5. chancèle : tremble sur ses jambes.

Vocabulaire pour mieux lire

1 À partir de quel nom le verbe *déterrer* (p. 94, l. 22) est-il construit ?
Trouve deux mots de la même famille.

2 Cherche dans ton dictionnaire le sens du nom *farandole* (p. 95, l. 43).

3 Donne le sens du nom *tintamarre* (p. 96, l. 56).

4 Recopie l'adjectif synonyme de *stupéfiant* (p. 96, l. 63).

rassurant — étonnant — embarrassant

Je comprends

5 ☆ Décris précisément la rose des vents.

6 ☆ Quel est le nom du trente-troisième vent ?

7 a. Quentin *prononce la formule magique* (p. 95, l. 48).
De quelle formule s'agit-il ?
b. Que se passe-t-il alors ?

8 ☆ STRATÉGIE : Je fais des liens.

> Tout autour de cette formule est dessinée une farandole d'êtres bizarres qui se donnent la main. Les yeux de Quentin se mettent à briller :
> – Ça y est, je sais comment m'enfuir…

Pourquoi Quentin comprend-il comment sortir de la caverne en voyant la *farandole d'êtres bizarres* (p. 95, l. 43-44) ?

Entre les lignes

9 Quentin a-t-il de la chance ? Justifie ta réponse.

Atelier • ÉCRIRE UNE EXPLICATION

À DEUX Écrivez l'explication de Quentin en réponse à la réplique du capitaine (p. 96, l. 72-73).

> – Quentin, je ne sais pas ce qui est arrivé… Il s'est passé des choses incroyables, mais je n'arrive pas bien à me souvenir…

COMMENT FAIRE ?

ÉTAPE 1 Relisez les lignes 52 à 56 (p. 95-96) et mettez-vous d'accord sur le sens du texte.

ÉTAPE 2 Oralement, imaginez l'explication de Quentin.

ÉTAPE 3 Quand elle vous semble claire, écrivez-la chacun de votre côté.

ÉTAPE 4 Échangez vos productions pour découvrir ce que vous avez écrit.
Vérifiez l'orthographe des mots et les terminaisons des verbes.

ÉTAPE 5 Recopiez vos textes au propre.

MANUEL INTERACTIF
• *La grille à photocopier pour le carnet de lecture*

L'île aux pirates (4)

●●● suite de la page 96

Quentin et le capitaine se dirigent vers la crique[1] où les pirates ont abrité le *Conquérant*. Ils tirent une barque jusqu'à l'eau ; mais, brusquement, Quentin s'écrie :

– J'ai oublié quelque chose !

Et il se met à courir vers la caverne. Il retrouve la rose des vents dans le sable, au pied de la porte.

Il pousse un soupir de soulagement :

– Je l'ai posée quand j'ai refermé la porte… Je ne pouvais quand même pas la laisser aux mains des pirates !

Il retourne vers la crique en enjambant les corps des hommes endormis.

Soudain, une main agrippe sa cheville. Quentin regarde à ses pieds, et il découvre Sam la Pieuvre, couché dans le sable. Le pirate a les yeux rouges de sommeil. Il interroge Quentin :

– Par le diable, gamin, d'où sors-tu ? Qu'est-ce que tu tiens dans la main ? Montre-moi ça !

Quentin essaie de cacher sa main derrière son dos.

Mais Sam se redresse, et il marmonne en regardant autour de lui :

– Il se passe des choses étranges ici… Quelle pagaille ! Je ne sais pas comment tu es arrivé jusqu'ici…

Tout à coup, il grimace :

– Tu n'aurais pas dû me voler la rose des vents ! Adieu, mon petit ami…

Sam sort un couteau de sa botte et lève le bras. Alors Quentin s'écrie :

– Non ! Attendez, ne me tuez pas… Si vous me laissez en vie, je vous dirai quel est le secret de la rose des vents…

– Le secret ? Quel secret ? demande Sam en baissant le bras.

Quentin se penche, montre la rose des vents pour essayer de gagner du temps :

– Vous voyez, là, au milieu…

– Non, je ne vois rien ! Toi, tu me racontes des…

– Attendez. Regardez bien. Si vous appuyez le doigt au milieu, allez-y…

Sam pose son doigt et, bing ! il s'écroule.

Le marquis d'Almeida s'est approché tout doucement et il vient d'assommer Sam d'un grand coup de rame derrière la tête.

– Ne trainons pas ! dit-il.

Quentin et le capitaine se mettent à ramer vers le navire.

Quentin et le capitaine ont à peine embarqué sur le *Conquérant* qu'ils entendent des cris. Lorsqu'ils pénètrent dans la cale, ils découvrent dans la pénombre[2] leurs compagnons emprisonnés. Les pirates n'ont pas eu le temps de les vendre comme esclaves !

Quentin et le capitaine libèrent les marins, mais la joie de l'équipage est de courte durée : des coups de feu éclatent au loin.

Le capitaine s'écrie :

– Les pirates se sont aperçus de notre fuite ! Ils vont nous rattraper ! Vite, hissons les voiles et levons l'ancre !

Et il ajoute en marmonnant :

– Ces fichus pirates ont des canons, et nous ne sommes pas armés. Ils vont nous couler avant que nous ayons pu sortir de la crique…

– Ne vous inquiétez pas ! répond Quentin.

Les mots difficiles

1. la crique : la petite plage.

2. la pénombre : une zone mal éclairée.

Tandis que l'équipage exécute la manœuvre, il sort la rose des vents. Il place l'aiguille sur « Vent arrière » et il dit :

Par la rose des vents,
par la rose d'Orient,
soufflez, vents marins,
soufflez, vents malins.

Aussitôt, un fort vent arrière gonfle les voiles et le bateau file à toute vitesse sur la mer…

Dès que le *Conquérant* est suffisamment éloigné de l'ile, l'équipage acclame[3] Quentin :

– Vive le mousse !

– Grâce à Quentin, nous sommes sains et saufs !

– Et nous sommes libres !

Quentin rougit. Il tend la rose des vents au capitaine en expliquant :

– C'est la rose des vents qui nous a sauvés !

Le capitaine sourit :

– Je te propose de devenir mon second[4]. Qu'en dis-tu ?

Quentin n'en croit pas ses oreilles.

– Tu hésites ?

– Mais non, non, capitaine, au contraire, je…

Le capitaine l'interrompt :

– Avec la rose des vents et avec un second comme toi, rien ne pourra plus arrêter le *Conquérant* !

Et il serre fort la main de Quentin dans la sienne, tandis que le bateau vogue vers de nouvelles aventures…

FIN

■ *L'Ile aux pirates*, d'Arnaud Alméras, illustré par Joann Sfar, collection « J'Aime Lire », tome 7 © 2013, Bayard Éditions.

LISTES DE RÉFÉRENCE

Les mots difficiles

3. acclame Quentin : lance des cris de joie pour féliciter Quentin.

4. mon second : mon assistant.

Vocabulaire pour mieux lire

1 Qu'est-ce qu'une *ancre* (p. 99, l. 49) ?
Trouve un mot qui se prononce de la même façon mais qui s'écrit différemment.
Quel est son sens ?

2 Remplace l'expression *l'interrompt* (p. 100, l. 76) par une expression de même sens.

Je comprends

3 **a.** STRATÉGIE : Je cherche dans le texte.
Page 98, lignes 1 à 14, relève la phrase qui crée un rebondissement dans l'histoire.
b. T'attendais-tu à ce rebondissement ?

4 ☆ **a.** Fais la liste des évènements heureux de la fin de l'histoire.
b. Lequel te réjouit le plus ? Pourquoi ?

5 Complète les phrases avec le mot qui convient. À la fin du roman :
A Les marins sont **jaloux / soulagés**.
B Le capitaine est **reconnaissant / fatigué**.
C Quentin est **hésitant / fier**.

Entre les lignes

6 Selon toi, Quentin a-t-il eu raison de dévoiler à Sam la Pieuvre le secret de la rose des vents ?
Justifie ta réponse.

Carnet de lecture

7 Écris dans le bon ordre les titres des épisodes.
A Les secrets de la rose des vents
B Dans la caverne de Sam la Pieuvre
C La fuite du *Conquérant*
D Dans la taverne des marins

8 Donne ton avis personnel sur le roman en utilisant la grille donnée par ton professeur.

JE LIS DE MIEUX EN MIEUX

1 Lis les phrases en faisant sonner le son qui revient.

- Le pirate Pythagore a peur des pipistrelles et des poissons pilotes.
- Quand le timonier entend le tintamarre, il tambourine sur la tôle du tonneau.
- Le capitaine Craquelin a caché son cacatoès dans la carène de son catamaran.

2 Lis la formule magique sans erreur et en mettant le ton.

Par la rose des vents, par la rose d'Orient,
soufflez, vents marins, soufflez, vents malins.
Par la rose des vents et les mystères de l'Orient
pendant un jour ou une nuit, souffle le vent de folie.

3 Lis le dialogue en adoptant le ton qui convient à chaque personnage.

SAM LA PIEUVRE – Tu n'aurais pas dû me voler la rose des vents ! Adieu, mon petit ami…
QUENTIN – Non, attendez, ne me tuez pas… Si vous me laissez en vie, je vous dirai quel est le secret de la rose des vents…
SAM LA PIEUVRE – Le secret ? Quel secret ?
QUENTIN – Vous voyez, là, au milieu…

■ D'après *L'Ile aux pirates*, d'Arnaud Alméras, illustré par Joann Sfar, collection « J'Aime Lire », tome 7 © 2013, Bayard Éditions.

CARNET DE LECTURE

JE DÉCOUVRE DES DOCUMENTAIRES SUR LES PIRATES

Les Pirates de Bertrand Fichou (Bayard éditions, collection « Mes docs Youpi », 2017)

Un album illustré pour tout savoir sur les pirates, leur vie en mer, leurs trésors, leurs bateaux.

À bord du bateau pirate de Jean-Michel Billioud, illustré par Olivier Latyk (Gallimard jeunesse, collection « Le Monde animé », 2014)

Avec ce livre animé, embarque pour un voyage extraordinaire sur un navire de pirates.

ÉTUDE DE LA LANGUE

- LES LETTRES ET LES SONS
- LEXIQUE ET ORTHOGRAPHE LEXICALE
- GRAMMAIRE
- ORTHOGRAPHE
- LE VERBE ET SES CONJUGAISONS

LEÇON 1

Les sons [p] / [b] et [t] / [d]

JE RETIENS

une poule

une baleine

une tortue

un dauphin

JE M'ENTRAINE

Je distingue les sons [p] et [b]

1 Recopie les phrases. Entoure :
– en rouge les syllabes dans lesquelles tu entends le son [p] ;
– en vert les syllabes dans lesquelles tu entends le son [b].

a. Le bébé boit son petit biberon.

b. La baleine à bosse plonge dans le bassin.

2 1. ORAL Lis les mots.

a. un pantalon / un bantalon

b. un pipelot / un bibelot

c. apprendre / abbrendre

d. l'apricot / l'abricot

e. une épée / une ébée

2. Recopie les mots bien écrits.

3 Complète avec p ou b.

a. un ...allon	d. une é...onge
b. un ...irate	e. une ta...le
c. une ...assine	f. un dra...eau

4 À DEUX Oralement, trouvez des mots avec le son [p] ou [b].
Écrivez-les. Vérifiez leur orthographe dans un dictionnaire.

Je distingue les sons [t] et [d]

5 Recopie les phrases. Entoure :
– en rouge les syllabes dans lesquelles tu entends le son [t] ;
– en vert les syllabes dans lesquelles tu entends le son [d].

a. Le petit dinosaure entend des pas.

b. Il tend l'oreille et reconnait ceux du terrible diplodocus.

6 1. ORAL Lis les mots.

a. atorer / adorer

b. danser / tanser

c. une étoile / une édoile

d. une andilope / une antilope

2. Recopie les mots bien écrits.

7 Complète avec t ou d.

a. un ci...ron	d. un ...omino
b. un ra...is	e. une vi...re
c. une fê...e	f. une ron...e

8 À DEUX Oralement, trouvez des mots avec le son [t] ou [d].
Écrivez-les. Vérifiez leur orthographe dans un dictionnaire.

LEÇON 2

Les sons [k]/[g] et [ʃ]/[ʒ]

JE RETIENS

un **c**anard

un **g**orille

un **ch**at

un **j**aguar

JE M'ENTRAINE

Je distingue les sons [k] et [g]

1 Recopie les phrases. Entoure :
– en rouge les syllabes dans lesquelles tu entends le son [k] ;
– en vert les syllabes dans lesquelles tu entends le son [g].

a. Ta grand-mère canadienne ne quitte plus sa canne grise.

b. Carine et Gwen discutent dans le garage du cadeau de Greg.

2 1. ORAL Lis les mots.

a. un koala / un goala

b. agrandir / acrandir

c. un églair / un éclair

d. une marquerite / une marguerite

e. décoller / dégoller

2. Recopie les mots bien écrits.

3 Complète avec c ou g.

a. une épin...le

b. une an...re

c. un ...âteau

d. un ...adeau

4 À DEUX Oralement, trouvez des mots avec le son [k] ou [g].
Écrivez-les. Vérifiez leur orthographe dans un dictionnaire.

Je distingue les sons [ʃ] et [ʒ]

5 Recopie la phrase. Entoure :
– en rouge les syllabes dans lesquelles tu entends le son [ʃ] comme dans *chat* ;
– en vert les syllabes dans lesquelles tu entends le son [ʒ] comme dans *jument*.

a. La girafe cherche son girafon dans le jardin.

b. Charles a acheté une luge rouge à Chamonix.

6 1. ORAL Lis les mots.

a. une écharpe / une éjarpe

b. une cloge / une cloche

c. une chupe / une jupe

2. Recopie les mots bien écrits.

7 À DEUX Oralement, trouvez des mots avec le son [ʃ] ou [ʒ].
Écrivez-les. Vérifiez leur orthographe dans un dictionnaire.

8 DICTÉE PRÉPARÉE
Recopie les mots qui contiennent les sons [ʃ] et [ʒ].

Jeudi, Charlotte est allée au cirque. Elle est entrée sous le chapiteau rouge et jaune pour voir les singes et le chameau.

LES LETTRES ET LES SONS

LEÇON 3 La lettre S

JE RETIENS

Je prononce [s]			Je prononce [z]	Je ne prononce rien
s	sc	voyelle ss voyelle	voyelle s voyelle	mots
un **s**inge la po**s**te un viru**s**	la **sc**ience une **sc**ie	une bo**ss**e un pou**ss**in	une ro**s**e le va**s**e	un tapi**s** des fleur**s** tu mange**s**

JE M'ENTRAINE

Je lis la lettre S

1 ORAL **Lis les mots de chaque liste plusieurs fois dans ta tête, puis oralement le plus vite possible.**

a. soleil – casser – repos – surprise – escalier – ascenseur – plusieurs – prison – caresse

b. esprit – lasser – oser – gris – question – aussi – tapis – soupir

2 **Recopie les mots de l'exercice 1 dans lesquels on n'entend pas le s.**

3 **Classe les mots dans le tableau photocopié.**

un salon – le passé – Lise – casser – épuisé – seul – une remise – du pissenlit

[s]	[z]

4 **Classe les mots dans le tableau photocopié.**

des pastilles – visser – un souvenir – grasse – la scène – un fils – un saut – une passoire

s	sc	ss

5 **Écris le mot qui correspond à chaque image.**

des cousins – des coussins – du poisson – du poison – le désert – le dessert

J'écris la lettre S

6 **Trouve les mots dans ta tête puis écris-les avec s ou ss.**

a. un de...in – un ca...ier – une trou...e

b. une chai...e – un cla...eur – des ci...eaux

c. un pou...in – un ...achet – un bai...er

d. un e...cargot – une écrevi...e – un ca...tor

7 Réponds aux devinettes avec un mot qui contient s ou ss.

a. Je suis un long véhicule qui peut transporter un groupe de personnes. Je suis un **b**...

b. Je suis un fruit rouge avec une collerette verte. Je suis une **f**...

c. Je suis une salle où les élèves travaillent pendant la semaine. Je suis la **c**...

8 Écris le mot qui correspond à chaque image.

9 **1.** Trouve deux mots dans lesquels tu entends [s]. Écris-les.

2. Trouve deux mots dans lesquels tu entends [z]. Écris-les.

3. Trouve deux mots dans lesquels tu vois s mais tu ne l'entends pas. Écris-les.

10 **À DEUX CHASSE AUX « S »**

- Demande à ton camarade de prendre un livre et de te lire une phrase.
- Note tous les mots qui, selon toi, contiennent un s.
- Vérifiez ensemble, puis inversez les rôles.

11 Écris trois mots en utilisant les syllabes.

son	leil	sseur
so	cha	chan

12 Écris trois mots en utilisant les syllabes.

sor	seaux	mai
tré	son	ci

13 **ANAGRAMMES**

Remets les lettres dans l'ordre pour trouver la réponse aux devinettes.

a. Il soigne les dents.
→ (un) e – t – e – d – i – n – t – s

b. Elle contient du thé ou du café.
→ (une) s – e – s – a – t

c. Vêtement à col et à boutons.
→ (une) s – m – i – c – e – h – e

14 **DICTÉE PRÉPARÉE**

Lis le texte plusieurs fois.
Entraine-toi à écrire sans erreur les mots qui contiennent un s.
Attention aux s muets.

Ce soir, nous irons à la piscine.
Tu a**s** posé ton sac de sport en ba**s** de l'escalier. Tu espère**s** que nou**s** sauteron**s** dan**s** le grand bassin !

15 **MOTS CROISÉS**

Complète la grille photocopiée à l'aide des définitions.

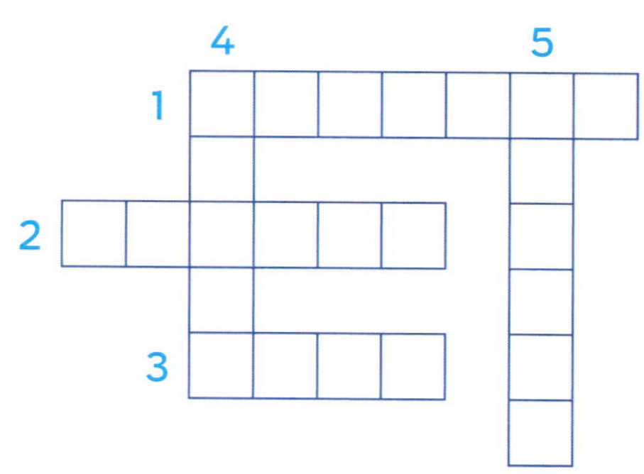

DÉFINITIONS

1. On y écrit avec un feutre effaçable.
2. Animal qui vole.
3. Elle sert à couper du bois.
4. Contraire de *debout*.
5. Personnage moitié femme, moitié poisson.

LEÇON 4

LES LETTRES ET LES SONS

La lettre C

JE RETIENS

Je prononce [k]	Je prononce [s]		Je prononce [ʃ]
ca / co / cu / cl / cr	ce / ci / cy	ça / ço / çu	ch
du **ca**ramel **co**llante **cu**rieux un é**cl**air le mer**cr**edi	des **ci**seaux un **cy**gne je lan**ce**	le fran**ça**is la le**ço**n une ger**çu**re nous lan**ço**ns	le **ch**emin

JE M'ENTRAINE

Je lis la lettre C

1 ORAL **Lis les mots de chaque liste plusieurs fois dans ta tête, puis oralement le plus vite possible.**

a. le ciel – un cartable – décembre – un garçon – la chemise – écouter – des cornes – un cycliste

b. un chou – la colle – un glaçon – un couteau – des cintres – un crayon – la place – la police

2 **Recopie les mots de l'exercice 1 dans lesquels tu entends [k].**

3 **Classe les mots dans les tableaux photocopiés.**

a. lancer – un chat – le maçon – une ficelle – marcher – un aperçu – la chute – chaud

[s]	[ʃ]

b. caler – croquer – une limace – le ciel – clair – facile – couper

[s]	[k]

4 **Recopie les phrases. Entoure :**
– en rouge les syllabes dans lesquelles tu entends [k] ;
– en vert les syllabes dans lesquelles tu entends [s].

a. Le canard s'avance vers la cabane du chien.

b. Les canetons picorent le pain tombé sur l'eau.

c. Cyril lance une balle colorée à son caniche.

d. Mon colley à poils courts est né en Écosse.

5 1. ORAL **Lis les verbes.**

nous perçons – je me balance – vous pincez – nous traçons – il menace – nous laçons

2. Explique pourquoi certains verbes ont un ç.

6 **Recopie l'intrus.**

a. cinéma – cirage – glace – cahier

b. ciment – chapeau – tracer – célèbre

c. cidre – cadenas – coton – clown

J'écris la lettre C

7 Écris le mot qui correspond à chaque image.

1

2

3

4

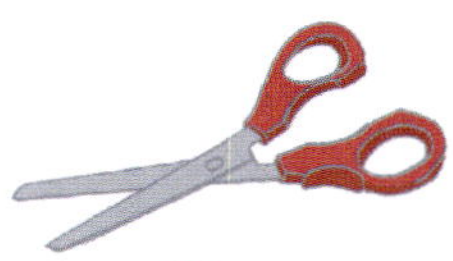

5

6

8 Complète les mots avec **c** ou **ç**.

a. un far...eur – ...inquante – gla...ant

b. une lima...e – la le...on – une fa...ade

c. un ...itron – nous pla...ons – une ...einture

d. un ...arosse – un ...avalier – un re...u

9 ☆ Réponds aux devinettes avec un mot qui contient **ch**.

a. Je couvre la tête quand il pleut. Je suis une **c**...

b. On me colle sur un mur. Je suis une **a**...

c. Je suis un légume et j'ai un cœur. Je suis un **a**...

10 ☆ Réponds aux devinettes avec un mot qui contient **c** ou **ç**.

a. Je suis un bijou que l'on porte au poignet. Je suis un **b**...

b. Je ne suis pas une fille. Je suis un **g**...

c. Je construis des murs. Je suis le **m**...

d. Je soigne les malades. Je suis le **m**...

11 **1.** Trouve deux mots dans lesquels tu entends [s]. Écris-les.

2. Trouve deux mots dans lesquels tu entends [k]. Écris-les.

3. Trouve deux mots dans lesquels tu entends [ʃ] comme dans *chat*. Écris-les.

12 **À DEUX CHASSE AUX « C »**

- Demande à ton camarade de prendre un livre et de te lire une phrase.
- Note tous les mots qui, selon toi, contiennent un **c**.
- Vérifiez ensemble, puis inversez les rôles.

13 Écris la conjugaison du verbe *placer* au présent.

14 **DICTÉE PRÉPARÉE**

Lis le texte plusieurs fois. Au brouillon, entraine-toi à écrire sans erreur les mots qui contiennent un **c**.

Le petit chat de Caroline s'est caché sous la commode. Pour le faire sortir, nous déplaçons le meuble.

15 **ANAGRAMMES**

Remets les lettres dans l'ordre pour trouver la réponse aux devinettes.

a. C'est un fruit jaune et acide.
→ (un) n – c – o – t – i – r

b. Elle maintient un pantalon.
→ (une) e – c – i – t – n – r – u – e

c. On y va pour regarder un film.
→ (au) n – c – i – é – a – m

d. C'est agréable d'en recevoir.
→ (des) d – x – e – a – c – a – u

e. J'écris mes exercices dedans.
→ (mon) c – h – r – e – i – a

f. Elle fond quand il fait chaud.
→ (la) l – a – c – e – g

LEÇON 5

LES LETTRES ET LES SONS

La lettre G

JE RETIENS

Je prononce [g]		Je prononce [ʒ]		Je ne prononce rien
ga / go/ gu / gl / gr	gue / gué / gui	ge / gi / gy	gea / geo	À la fin des mots
un **g**âteau le **go**éland ai**gu** un **gl**and **gr**andir	une man**gue** un **gué**pard la **gui**tare	la nei**ge** un **gi**let un **gy**mnaste ils na**ge**nt	un pi**geo**n il man**gea**it nous na**geo**ns	un ran**g** un poin**g**

JE M'ENTRAINE

Je lis la lettre G

1 ORAL Lis les mots de chaque liste plusieurs fois dans ta tête, puis oralement le plus vite possible.

a. tige – gravir – gourde – piège – doigt – Égypte – gite – long

b. épingle – gymnastique – se garer – étang – gris – plage – giratoire – sang

2 Recopie les mots de l'exercice 1 dans lesquels tu n'entends pas le g.

3 Classe les mots de l'exercice 1 dans le tableau photocopié.

[g] comme dans *gâteau*	[ʒ] comme dans *gilet*

4 1. ORAL Lis les verbes.

nous mélangeons – je voyage – vous plongez – nous changeons – il range – nous dirigeons

2. Explique pourquoi il y a un e dans ces verbes.

nous mélang**e**ons – nous chang**e**ons – nous dirig**e**ons

5 Recopie les phrases. Entoure :
– en rouge les syllabes dans lesquelles tu entends [g] (comme dans *gâteau*) ;
– en vert les syllabes dans lesquelles tu entends [ʒ] (comme dans *gilet*).

a. Grégoire imagine un piège pour les grenouilles.

b. Ma grand-mère tricote des gants rouges.

c. Gérard est un garçon très gentil.

d. Gaëtan lève le doigt pour être interrogé.

J'écris G, GU ou GE

6 Écris le mot qui correspond à chaque image.

1 

2 

3 

4 

7 **Complète les mots avec g ou gu.**

a. ...érir – un o...re – une ...ifle

b. une ...irlande – le lin...e – un voya...e

c. le siè...e – ...agner – ima...iner

d. une cour...ette – dé...ager – ...rimper

8 ☆ **Complète les mots avec g, gu ou ge.**

a. la va...e – la ...érison – un ...enou

b. une bla...e – il arran...era – des mer...ez

c. une vir...ule – une piro...e – tu bou...ais

d. un bour...on – ...ider – un ca...ot

9 ☆ **Réponds aux devinettes avec un mot où tu entends [g] (comme dans *gâteau*) ou [ʒ] (comme dans *gilet*).**

a. On m'utilise pour laver la vaisselle.
Je suis l'**é**...

b. Ma fourrure rousse est rayée de noir.
Je suis un **t**...

c. J'efface le crayon. Je suis la **g**...

10 **Trouve dans l'image les mots qui contiennent la lettre g.**

11 ☆ **Écris la terminaison des verbes au présent.**

a. Vous corrig... vos exercices.

b. Nous échang... nos idées.

c. Tu partag... ta lecture.

d. Nous rang... notre casier.

12 **Écris la conjugaison du verbe *manger* au présent.**

13 **DICTÉE PRÉPARÉE**
Lis le texte plusieurs fois. Au brouillon, entraine-toi à écrire sans erreur les mots qui contiennent un g.

Le gibbon est un grand singe agile qui a des griffes. Le gorille, lui, grimpe aux arbres pour manger. Ils aiment faire des grimaces !

14 **À DEUX CHASSE AUX « G »**

- **Demande à ton camarade de prendre un livre et de te lire une phrase.**
- **Note tous les mots qui, selon toi, contiennent un g.**
- **Vérifiez ensemble, puis inversez les rôles.**

15 **MOTS CROISÉS**
Entoure les mots dans la grille photocopiée.

ÉTAGE – GEÔLE – GILET – GRAVER – GRENOUILLE – GRILLE – GROSSIR – GYMNASE – IMAGE – LÉGER – LINGE – LUGE – NEIGE – POING – RAGE

É	T	A	G	E	X	J	M	U	L	P	Z
G	R	I	L	L	E	E	E	X	G	R	L
K	R	A	G	E	M	X	N	E	I	G	E
W	R	L	É	G	E	R	K	E	W	O	F
E	J	I	P	O	I	N	G	L	I	R	T
G	Y	M	N	A	S	E	Z	R	H	C	U
U	B	G	R	A	V	E	R	F	G	E	B
G	E	Ô	L	E	P	V	L	U	G	E	T
I	M	A	G	E	G	I	L	E	T	D	A
N	Q	Y	L	I	N	G	E	H	I	L	U
G	R	E	N	O	U	I	L	L	E	M	Z
E	E	U	G	R	O	S	S	I	R	Y	T

LEÇON 6

LES LETTRES ET LES SONS

Les lettres *gn*

JE RETIENS

- Les lettres **gn** se lisent **[ɲ]** comme dans **agneau**.

soigner – la campagne – un agneau

JE M'ENTRAINE

Je lis les lettres *gn*

1 1. ORAL **Trouve les mots qui correspondent aux images. Quel son ont-ils en commun ?**

1

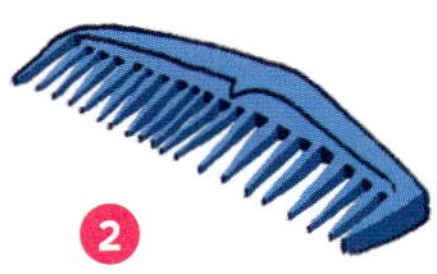

2

2. **Recopie les mots de la liste ci-dessous. Entoure les lettres correspondant au son trouvé à la question 1.**

une poignée – une araignée – un rossignol

2 ORAL **Lis les mots de chaque liste plusieurs fois dans ta tête, puis oralement le plus vite possible.**

a. montagne – se baigner – crâne – gagner – gant – saigner

b. souligner – baigneur – ange – cygne – rossignol – angle

3 **Recopie les mots de l'exercice 2 dans lesquels tu lis les lettres *gn*.**

4 **Recopie les mots dans lesquels tu lis les lettres *gn*.**

a. long – gondole – cigogne

b. pigeon – soigner – signature

c. rectangle – vignette – cligner

d. vinaigre – trépigner – enseigne

5 **Recopie les mots dans lesquels tu lis les lettres *gn*.**

a. Solange m'accompagnera en Espagne.

b. Mon enseignant m'aide à tracer des lignes.

c. Le jardinier nettoie soigneusement sa vigne.

J'écris les lettres *gn*

6 **Écris les mots qui correspondent aux images de l'exercice 1.**

7 ☆ À DEUX **L'un de vous lit le texte a. L'autre écrit les mots qui contiennent *gn*. Vérifiez ensemble si la liste des mots est juste. Inversez les rôles pour le texte b.**

a. Sur la route de campagne, le conducteur enclenche le clignotant pour dépasser un camion.

b. Angélique accompagne sa grand-mère au marché. Elle achète des beignets.

8 DICTÉE PRÉPARÉE
Lis le texte plusieurs fois. Entraine-toi à écrire les mots en gras.

Ma grand-mère a **gagné** la **cagnotte** au tirage du loto de son village.
Elle m'a offert un **magnifique** bracelet que j'ai mis à mon **poignet**.

LEÇON 7

LES LETTRES ET LES SONS

ter/tre, par/pra, bar/bra, for/fro

JE RETIENS

ter ≠ tre	par ≠ pra	bar ≠ bra	for ≠ fro
des **termites** une mon**tre**	une **par**tie une so**pra**no	une **bar**que un **bra**s	une **for**teresse un **fro**mage

Ces syllabes s'écrivent avec trois lettres. Attention à la place du r.

JE M'ENTRAINE

1 1. ORAL **Lis les mots à voix haute et donne l'intrus.**

a. praline – impraticable – pardonner – pratique

b. contre – terminus – combattre – chapitre

c. brassard – débardeur – brader – ombrage

d. renfort – fronton – force – formidable

2. **Recopie chaque liste sans l'intrus. Entoure les lettres identiques.**

2 ☆ **Complète avec les lettres qui conviennent.**

a. *ter* ou *tre* ?
...miner – ...restre – une pou... – connai...

b. *par* ou *pra* ?
...fumer – ...tique – un ...chemin – un ...king

c. *bar* ou *bra* ?
la rhu...be – ...bu – ...vo – la ...sse

d. *for* ou *fro* ?
...ntal – ...midable – récon...ter – ...tter

3 **Choisis le mot qui convient.**

a. Tu as une (barbe/brabe) de deux jours.

b. Peux-tu me montrer ton (barcelet/bracelet) ?

c. J'aime le (formage/fromage) blanc.

d. Tu ignores la (formule/fromule) magique.

4 **Choisis le mot qui convient.**

a. Vous avez (treminé/terminé) votre livre.

b. J'aime quand tes cheveux sont (tressés/tersés).

c. Les artistes anglais sont (prami/parmi) nous.

d. Le gâteau au chocolat (parliné/praliné) est délicieux.

5 ☆ **Réponds aux devinettes.**

a. Je suis un serpent aussi beau que dangereux. Je suis un **co**... .

b. Je sers à mesurer. Je suis un **mè**... .

c. Au Moyen Âge, je sers à protéger la ville. Je suis une ...**teresse**.

d. J'amplifie le son. Je suis le haut...**leur**.

6 AUTODICTÉE
Apprends les phrases par cœur. Écris-les de mémoire.

a. La loutre a terminé son bain dans la rivière.

b. La prairie est parsemée de fleurs.

c. Le pilote de la barque a braqué brutalement.

d. Le frottement de la rame forme des vaguelettes.

LEÇON 8

LES LETTRES ET LES SONS

an/am, en/em, on/om, in/im

JE RETIENS

- Devant *m*, *b* et *p*, la lettre *n* de *an*, *en*, *on* et *in*, devient *m* : *am-*, *em-*, *om-* et *im-*.

an → am : ampoule, ramper
en → em : emporter, emmener
on → om : sombre, bombe
in → im : impossible, important

- **Exceptions :** *un bonbon, une bonbonne, une bonbonnière...*

JE M'ENTRAINE

1 ORAL **Lis à voix haute les mots dans lesquels il y a *m* devant *m*, *b*, *p*.**

a. **am :** lampadaire – maman – canne – tambour – camper

b. **em :** temps – embrasser – menace – étendre – tempête

c. **im :** incendie – impoli – climat – simple – impossible

d. **om :** ombre – conifère – concombre – comète – pompier

2 **Dans chaque phrase, relève le mot dans lequel il y a *m* devant *m*, *b*, *p*.**

a. Dans mon jardin, j'ai planté un bambou.

b. En septembre, on entend souvent le vent.

c. Carl a l'intention d'imprimer ses dessins.

d. La colombe et la pie ont les yeux ronds.

3 **Complète avec an ou am.**

a. p...sement – ...bulance – ...tenne

b. j...be – p...talon – r...ger

c. fr...boise – ch...p – b...c

4 **Complète avec en ou em.**

a. ...baller – ...porter – ...neigé

b. ens...ble – ...fant – tr...bler

c. t...pérature – déc...bre – ...tier

5 **Complète avec in ou im.**

a. ...portant – ...certain – gr...per

b. ...prévu – ...terdit – ...perméable

c. s...ple – pr...temps – p...cer

6 **Complète avec on ou om.**

a. l...gueur – p...pe – c...fiance

b. c...pter – tr...pette – c...bien

c. ...brelle – m...de – b...dir

7 **Écris les mots correspondant aux images.**

1 2 3

8 DICTÉE DE MOTS PRÉPARÉE
Observe attentivement l'orthographe des mots de la liste.

a. flamber – un camping – un enfant – ramper

b. un sentier – longtemps – le dentiste – employer

c. simplement – important – une épingle – une pince

d. un bonbon – un nombre – un combat – une console

LEÇON 9

LES LETTRES ET LES SONS

ein, oin, ain

JE RETIENS

ein	oin	ain
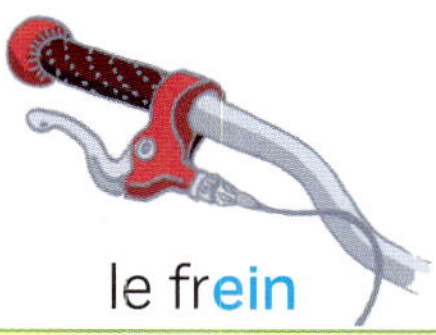 le frein	 le foin	 du pain

● Attention, l'ordre des lettres change le son.
il tient / le teint   un point / un pion   en criant / il craint

JE M'ENTRAINE

Je lis *ein, oin, ain*

1 ORAL Lis les mots de chaque liste plusieurs fois dans ta tête, puis oralement le plus vite possible.

a. demain – moins – joindre – coin – rein – éteinte – pointe – empreinte – américain

b. copain – grain – point – ainsi – plein – teint – lointain – soin – ceinture

2 ORAL Lis les mots.

a. lion – loin

b. le sien – le sein

c. un train – le triangle

3 ☆ Classe les mots dans le tableau photocopié. Attention aux trois intrus !

bain – camion – éteindre – plein – pointu – viande – poulain – humain – chien – besoin – témoin – peindre

ein	oin	ain

4 VIRELANGUES
ORAL Lis ces phrases le plus vite possible.

Le lion voit loin. Le pion ne voit point.
Le client fait le lien. Ce teint c'est le tien.
En criant sa crainte, la patiente s'est plainte.

J'écris *ein, oin, ain*

5 Complète avec les lettres qui conviennent.

a. *ein* ou *ien* ? un cl...t – la p...ture

b. *ain* ou *ian* ? un écriv... – un mend...t

c. *oin* ou *ion* ? une p...ture – un av...

6 Associe les pièces de puzzle pour trouver trois mots.

fr	tr	c
ain	ein	oin

7 ☆ Réponds aux devinettes avec un mot qui contient *ein*, *oin* ou *ain*.

a. On me chante entre chaque couplet.
Je suis le **r**... .

b. Je suis le museau du cochon.
Je suis le **g**... .

c. On peut voir mes œuvres au musée.
Je suis un **p**... .

8 DICTÉE PRÉPARÉE
Entraine-toi à écrire les mots en gras.

Je lis **plein** de livres. Ils me transportent dans un monde **lointain**. Un jour, je serai **écrivain** !

LEÇON 10

LES LETTRES ET LES SONS

ail/aille/aill, eil/eille/eill euil/euille/euill, ouil/ouille/ouill

JE RETIENS

À la fin des noms masculins	À la fin des noms féminins	À l'intérieur des mots
-ail -eil -euil -ouil	-aille -eille -euille -ouille	-aill- -eill- -euill- -ouill-
un évent**ail** un rév**eil** le d**euil** le fen**ouil**	une can**aille** une ab**eille** une f**euille** la r**ouille**	un ass**aill**ant une v**eill**euse un f**euill**eton f**ouill**er

● **S'il s'agit d'un verbe en *-ailler*, *-eiller*, *-euiller*, *-ouiller***, n'oublie pas la terminaison après ***-ill-* :** je trav**aill**e, tu trav**aill**es, il trav**aill**e…

JE M'ENTRAINE

Je lis les noms terminés par *ail*, *eil*, *euil*, *ouil*

1 1. ORAL Lis les mots.

le trav**ail** – le somm**eil** – du cerf**euil** – un cons**eil** – un chevr**euil** – un attir**ail**

2. Classe-les selon la prononciation des lettres en gras.

2 1. Recopie les groupes de lettres.
AIL – EIL – EUIL – OUIL

2. Entoure les voyelles qui changent et prononce-les.

3. Encadre les deux lettres identiques : prononce le son écrit par ces deux lettres.

3 ORAL Lis les mots.

a. du corail – de l'émail – un gouvernail

b. un orteil – un réveil – pareil

c. le seuil – le deuil – un fauteuil

d. du fenouil

Je lis les mots terminés par *aille*, *eille*, *euille*, *ouille*

4 1. ORAL Lis les mots.

une vol**aille** – une citr**ouille** – de l'os**eille** – une f**euille** – la quen**ouille** – une bat**aille**

2. Classe-les selon la prononciation des lettres en gras.

5 ORAL Lis les mots.

a. la paille – la ferraille – la mitraille

b. une bouteille – une treille – la merveille

c. une brouille – la rouille – une andouille

6 À DEUX 1. Ajoutez le déterminant et classez les noms selon leur genre dans le tableau photocopié.

chandail – groseille – orteil – nouille – radioréveil – gouvernail – brouille – bataille – citrouille – paille

Noms masculins	Noms féminins

2. Entourez les terminaisons.

Je lis les mots qui contiennent *aill, eill, euill, ouill*

7 Observe chaque mot. Où se trouve le son [j] ? Comment est-il écrit ?

a. un paillasson
b. les oreillons
c. un brouillon
d. du feuillage

8 1. ORAL Lis les formes verbales.

a. tu travailles
b. vous sommeillez
c. j'effeuillais
d. tu barbouillais

2. Recopie les formes verbales et entoure *aill – eill – euill – ouill*.

J'écris les mots qui contiennent le son [j]

9 1. ORAL Trouve dans l'image les mots qui contiennent le son [j].

2. Écris les mots. Entoure les lettres identiques.

10 1. ORAL Trouve dans l'image les mots qui contiennent le son [j].

2. Écris les mots. Fais attention au genre de chaque mot.

11 1. Recopie les phrases en complétant les mots.

a. Fleur s'est réve...ée tôt ce matin.
b. J'ai bu un bou...on bien chaud.
c. Le feu...eton durera un mois.
d. Le costume du clown est pa...eté.

2. Entoure les lettres que tu as ajoutées.

12 ☆ Complète les expressions avec il ou ill.

a. un porta... de garage
b. un éventa... chinois
c. la pâte feu...etée
d. un appare... dentaire
e. bou...ir de colère
f. un vêtement dou...et

13 ☆ Complète les mots avec ile ou ille. Dis d'abord le mot dans ta tête.

a. une brout...
b. une tu...
c. un mob...
d. une corne...
e. une citrou...
f. une merve...
g. frag...
h. fac...

14 1. ORAL Lis les phrases et donne le genre du mot à compléter.

a. Victor a donné un bon conse... à Arthur.
b. Antoine a avalé une éc... de poisson.
c. Le port... de l'école est ouvert.
d. Anastasia s'est blessée à l'ore... .

2. Recopie les phrases en complétant les mots. Entoure les lettres que tu as ajoutées.

15 Écris les verbes au présent.

a. détailler : je ... ; ils ...
b. surveiller : nous ... ; vous ...
c. gribouiller : tu ... ; vous ...

16 Écris le verbe *chatouiller* à toutes les personnes du présent.

ATELIERS DE DÉCOUVERTE

LE DICTIONNAIRE

EN COLLECTIF

DÉCOUVERTE 11 L'ordre alphabétique

LEÇON et EXERCICES p. 120

ÉTAPE 1

a. **Choisis** une lettre de l'alphabet, puis **demande** à ton camarade de réciter l'alphabet par cœur à partir de cette lettre.

b. **Demande-lui** ensuite de réciter l'alphabet à l'envers. **Inversez** les rôles.

ÉTAPE 2

À DEUX **Classez** les mots dans l'ordre alphabétique.

bougie – sardine – caramel – poli – fermé – tulipe

DÉCOUVERTE 12 La forme des mots dans le dictionnaire

LEÇON et EXERCICES p. 121

ÉTAPE 1

Un élève de CE2 a lu des mots qu'il ne connaissait pas dans un texte.
Il les a cherchés dans le dictionnaire.
Dans la colonne de droite, il a noté sous quelle forme ils y étaient écrits.

	Dans le texte	Dans le dictionnaire
verbes	fournissait	fournir
	dégustera	déguster
noms	rivages	rivage
	tasseaux	tasseau
adjectifs	fougueuse	fougueux
	tunisiennes	tunisien

a. Sous quelle forme **les verbes** sont-ils écrits dans le dictionnaire ?

b. Sous quelle forme **les noms** sont-ils écrits ?

c. Sous quelle forme **les adjectifs** sont-ils écrits ?

ÉTAPE 2

À DEUX **Cherchez** les mots dans le dictionnaire et **écrivez** sous quelle forme vous les avez trouvés.

voyagerai – glissons – peluches – châteaux – courageuse – italienne

DÉCOUVERTE 13 L'organisation du dictionnaire

LEÇON et EXERCICES p. 122

LEXIQUE

ÉTAPE 1

Feuillette ton dictionnaire.

a. Contient-il des noms propres ? Si oui, où sont-ils rangés ?

b. Y a-t-il des planches illustrées ?

c. Y a-t-il d'autres pages que celles où les mots sont définis ? Que contiennent-elles ?

ÉTAPE 2

Ouvre le dictionnaire à la page indiquée par ton maitre ou ta maitresse.

a. Quel est le premier mot de la double page ? Quel est le dernier ?

b. Pourquoi trouves-tu ces mots deux fois dans la page ?

c. Comment les mots de la page sont-ils rangés ?

DÉCOUVERTE 14 L'article de dictionnaire

LEÇON et EXERCICES p. 123

ÉTAPE 1

effigie n.f. Portrait d'une personne sur une pièce de monnaie, une médaille. *Une pièce à l'effigie de César.*

médaille à l'effigie d'une reine

a. **Par quel mot** le nom *effigie* est-il défini ?

b. **Pourquoi** le mot *effigie* est-il illustré ?

c. **Que signifie** l'abréviation **n. f.** ?

d. **Repère** la phrase en italique (écriture penchée). À quoi sert cette phrase, d'après toi ?

ÉTAPE 2

égal, e, aux adj. ❶ De même dimension. *Maman a coupé le gâteau en parts égales.* SYN. **identique, semblable.** CONTR. **inégal.** ❷ Qui ne change pas. *Cassandra est toujours d'humeur égale.* SYN. **constant, régulier.** CONTR. **changeant, variable.** ❸ Qui a les mêmes droits. *Tous les hommes sont égaux devant la loi.* ❹ **Cela m'est égal,** cela a peu d'importance pour moi. ◆ n. Personne qui est au même rang qu'une autre, qui a les mêmes droits. *Ils ont discuté d'égal à égal.*

● Au masculin pluriel : égaux.

a. **Combien** le mot *égal* comporte-t-il de sens ? Comment sont-ils indiqués ?

b. **Relève** les quatre synonymes de *égal*.

c. **Relève** ses trois antonymes.

LEÇON 11

LE DICTIONNAIRE

L'ordre alphabétique

DÉCOUVERTE p. 118

JE RETIENS

- Pour ranger des mots dans l'ordre alphabétique, tu dois repérer :
  – la 1re lettre : animal – cahier – dromadaire…
  – les 1re et 2e lettres : animal – artiste – astuce…
  – les 1re, 2e et 3e lettres : ancien – anneau – antenne…

Et ainsi de suite !

JE M'ENTRAINE

1 Écris les mots dans l'ordre alphabétique.

a. voiture – lacet – montagne – damier

b. cachet – manteau – graine – savon

c. farine – photographie – noix – jouet

2 Écris les mots dans l'ordre alphabétique.

a. avion – araignée – asticot – amande

b. bateau – betterave – bol – bureau

c. siphon – situer – signal – silence

3 Recopie la liste en ajoutant le mot surligné à la place qui convient.

a. pommier abricotier – cerisier – noyer

b. camélia dahlia – glaïeul – magnolia

c. éléphant chacal – dromadaire – girafe

4 Recopie la liste en ajoutant le mot surligné à la place qui convient.

a. craie cahier – ciseaux – crayon

b. salsa six – soif – surprise

c. piscine patin – planche – promettre

5 Complète avec le mot qui convient.

momie moyen miel

a. manche – … – mirage

b. miroir – … – moteur

c. mouton – … – muguet

6 ☆ Complète avec un mot de ton choix.

a. caresse – cerise – c… – craquer

b. manière – m… – moufle – museau

c. parent – penser – p… – plateau

7 ☆ Complète avec un mot de ton choix.

a. gardien – gigot – gorille – g…

b. facile – f… – foule – fragile

c. lame – lime – l… – lunette

8 JE M'ENTRAINE DANS UN TEXTE

☆ À DEUX Classez tous les mots selon l'ordre alphabétique.

Le lapin de garenne est caché dans une touffe de fleurs mais on voit sa petite queue qui dépasse !

LE DICTIONNAIRE

LEÇON 12

La forme des mots dans le dictionnaire

DÉCOUVERTE p. 118

LEXIQUE

JE RETIENS

- **Pour trouver un verbe dans le dictionnaire, cherche l'infinitif.**
  dessineras → dessiner   pouvons → pouvoir
- **Pour trouver un nom ou un adjectif dans le dictionnaire :**
  – cherche le singulier ; chevaux → cheval   royaux → royal
  – cherche le masculin. aviatrice → aviateur   silencieuse → silencieux

JE M'ENTRAINE

1 Cherche les mots dans ton dictionnaire. Écris sous quelle forme tu les as trouvés.

a. soyeuse – agressive – rugueuse

b. peuvent – mange – voit

c. royaux – vitraux – coraux

2 Cherche les mots dans ton dictionnaire. Écris sous quelle forme tu les as trouvés.

a. épouse – bergère – conductrice

b. avons – parlent – pouvez

c. inquiète – grasse – savoureuse

3 ☆ 1. Relève les mots que tu trouveras sous la même forme dans ton dictionnaire.

a. chanteuse – réciter – grognez

b. facultatif – voulons – particulière

c. bocaux – hôpital – grossière

2. Vérifie dans ton dictionnaire si ta liste est juste.

4 ☆ Relève les mots que tu trouveras sous la même forme dans ton dictionnaire.

a. égaux – passagère – dormir

b. écossaise – persévérer – perpétuelle

c. raisonner – verseuse – véritable

5 ☆ Écris les mots tels que tu les trouveras dans ton dictionnaire.

a. naviguait – dansera – pensons

b. impériaux – originaux – égaux

c. majestueuse – coléreuse – menteuse

6 ☆ Écris les mots tels que tu les trouveras dans ton dictionnaire.

a. flottera – partent – peut

b. journaux – canaux – métaux

c. espionne – gardienne – électrice

7 JE M'ENTRAINE DANS UN TEXTE

Cherche les mots en gras dans ton dictionnaire.
Écris sous quelle forme tu les as trouvés et recopie leur définition.

Jules vient de vivre une histoire **ahurissante**. Alors qu'il **errait** du côté des quais, il a rencontré un troupeau de phacochères. Heureusement, ces bêtes se sont montrées parfaitement **inoffensives**.

LEÇON 13

LE DICTIONNAIRE

L'organisation du dictionnaire

DÉCOUVERTE p. 119

JE RETIENS

- **Le dictionnaire comporte tous les mots de la langue française classés par ordre alphabétique.**
- Souvent, les **noms communs** et les **noms propres** (lieux, personnages) sont regroupés dans des parties séparées.
- Le dictionnaire comporte aussi des **planches illustrées** et des **cartes** de géographie.

JE M'ENTRAINE

1 **1. Dans ton dictionnaire, cherche le premier mot qui commence par la lettre m. Note le numéro de la page.**

2. À quelle page se trouve le dernier mot qui commence par la lettre m ?

2 **1. Ouvre ton dictionnaire à la page qui contient le mot *opérette*.**

a. Note le numéro de la page.

b. Quels sont les mots-repères situés en haut de la double page ? Pourquoi ?

c. Quel mot est juste avant *opérette* ? Quel mot est juste après ?

2. Fais le même travail avec les mots suivants.

coteau — joyau — somnoler — fourbe — console

Complète le tableau photocopié.

Page	Mots-repères	Mot placé avant	Mot	Mot placé après
			coteau	
			joyau	
			somnoler	
			fourbe	
			console	

3 **Recopie tous les mots commençant par la lettre j qui sont illustrés.**

4 **Dans ton dictionnaire, choisis une planche illustrée. Recherche les définitions des mots qui sont illustrés sur la planche.**

5 **Trouve dans ton dictionnaire deux mots que tu ne connaissais pas et recopie leurs définitions.**

6 **JE M'ENTRAINE DANS UN TEXTE**

Lis le texte. Cherche le sens des mots en gras dans ton dictionnaire. Recopie leur définition.

Quand le promeneur vit les ours, il resta **pétrifié**. La **carrure** de la mère était impressionnante et ses yeux, qui le fixaient avec **insistance**, étaient aussi noirs que son museau. Brusquement, l'homme se retourna et **détala**.

LEÇON 14

LE DICTIONNAIRE

L'article de dictionnaire

DÉCOUVERTE p. 119

LEXIQUE

JE RETIENS

● Un article de dictionnaire comporte de nombreuses informations.

Classe grammaticale — Sens du mot

Mot défini → **factice** adj. ❶ Qui est faux. *Les billets des jeux de société sont factices.* SYN. **artificiel.** CONTR. **vrai.** ❷ Qui n'est pas naturel. *Son sourire est factice.* SYN. **feint, forcé.** CONTR. **sincère.** ← Exemple

CONTRAIRES (ANTONYMES) → CONTR. ← SYNONYMES

JE M'ENTRAINE

1 ORAL Ouvre ton dictionnaire à la page indiquée par ton maitre ou ta maitresse. Indique la classe grammaticale de chaque mot de la page.

2 1. Quel mot correspond à la définition ci-dessous ?

> Cercle qui tourne sur un axe et permet à la personne de rouler.

2. Lis entièrement l'article de dictionnaire du mot que tu as trouvé. Combien de sens comporte-t-il ?

3 Associe les définitions du mot *cornet* avec les exemples qui conviennent (lis tout l'exercice avant de répondre).

Définitions

❶ Sachet en papier en forme de cône.
❷ Cône en gaufrette pour contenir une glace.
❸ Instrument de musique.

Exemples

A. *Ce cornet est trop lourd pour un enfant.*
B. *Les popcorns débordent de ton cornet.*
C. *J'adore le croquant de mon cornet.*

4 1. À DEUX Trouvez un exemple pour chaque sens du mot *génie*.

❶ Personnage imaginaire qui a des pouvoirs magiques.
❷ Personne capable d'inventer des choses exceptionnelles.

2. Dans votre dictionnaire, lisez l'article du mot *génie*. Comparez les exemples avec les vôtres.

5 Dans ton dictionnaire, cherche un synonyme de :

a. nutrition b. succulent c. tressaillir

6 Dans ton dictionnaire, cherche un antonyme (mot de sens contraire) de :

a. agréable b. décourager c. joie

7 ☆ Choisis un animal. Écris un article de dictionnaire pour le définir.

hibou | chat | serpent | vache

- N'oublie pas les différentes rubriques : classe grammaticale, définition, exemple.
- Fais un dessin pour illustrer ta définition.

ATELIERS DE DÉCOUVERTE

LES MOTS QUI VONT ENSEMBLE

EN COLLECTIF

DÉCOUVERTE 15 Les familles de mots

LEÇON et EXERCICES p. 126

ÉTAPE 1

1. pot – rempoter – poterie – potage
2. charge – charger – recharger – chargement – chargeur

a. **Relève** l'élément commun à chaque série.

b. **Pourquoi** dit-on des mots de chaque série qu'ils sont de la ***même famille*** ?

ÉTAPE 2

dessin · possible · roue · bras · ranger

Pour chaque mot, **trouve** des mots de la même famille.

DÉCOUVERTE 16 Les synonymes et les antonymes

LEÇON et EXERCICES p. 127

ÉTAPE 1

abimé	salle	manger	se promener	bouteille
avaler	pièce	flacon	usé	se balader

Associe les mots qui signifient presque la même chose. Ce sont des **synonymes**.

ÉTAPE 2

joyeux	monter	éteint	connu	apparaitre
allumé	triste	inconnu	descendre	disparaitre

Associe les mots de sens contraire. Ce sont des **antonymes**.

ÉTAPE 3

… est un **synonyme** d'*heureux*.

… est un **antonyme** d'*heureux*.

Complète les deux phrases.

DÉCOUVERTE

17 Les niveaux de langue

LEÇON et EXERCICES p. 128

1. Reza s'est acheté une nouvelle voiture.
2. Dans ce garage, on ne voit que des vieilles bagnoles.
3. Le Salon de l'automobile se tient en octobre.

a. **Lis** les trois phrases. **Relève** les trois mots synonymes.

b. Quel est celui que l'on utilise dans le langage de tous les jours ?

c. Le *Salon de l'automobile* pourrait-il s'appeler *Salon de la bagnole* ? Pourquoi ?

d. Quelle phrase appartient au **niveau de langue familier** ?
Quelle phrase appartient au **niveau de langue courant** ?
Quelle phrase appartient au **niveau de langue soutenu** ?

DÉCOUVERTE

18 Le champ lexical

LEÇON et EXERCICES p. 129

ÉTAPE 1

Depuis que Truffe et Machin ont perdu leurs dents, manger est devenu un vrai casse-tête. Ils mastiquent toute la journée, font des efforts considérables, et cela pour avaler trois fois rien : une épluchure de carotte par-ci, un brin de navet par-là…
À vrai dire, il n'y a bien que la soupe de radis qu'ils engloutissent sans souci.

Émile Cucherousset, *Truffe et machin* © Éditions MeMo, 2017.

Relève tous les mots en rapport avec le thème de la nourriture : tu dois relever des noms et des verbes.

ÉTAPE 2

Complète le champ lexical de la nourriture avec des noms, des verbes et des adjectifs.

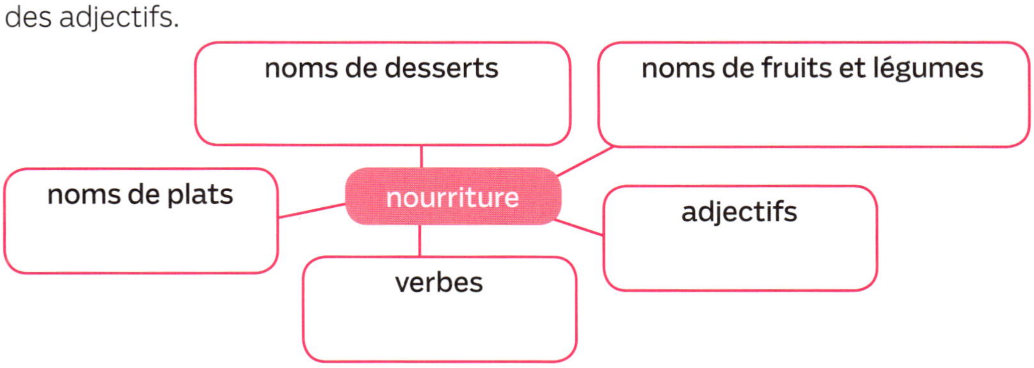

LES MOTS QUI VONT ENSEMBLE

LEÇON 15

Les familles de mots

DÉCOUVERTE p. 124

JE RETIENS

- Les mots de la même famille ont un élément commun : ils sont construits à partir du même mot de base.

  place (mot de base) → **plac**er – re**plac**er – dé**plac**er – **plac**ement – **plac**eur

JE M'ENTRAINE

1 Relève le mot de base commun à chaque famille.

a. journée – journal – jour

b. agrandir – grand – grandeur

c. poissonnier – poisson – poissonnerie

d. blanc – blanchir – blancheur

2 Écris le mot de base commun à chaque famille.

a. plumier – plumage – déplumer

b. tablette – s'attabler – tablier

c. effeuiller – feuillage – feuilleter

d. campement – décamper – camping

3 Regroupe les mots qui appartiennent à la même famille.

a. rougir – chance – rougeur – chanceux

b. froid – rafraichir – frais – froideur

c. sale – sagesse – salissure – sage

4 Trouve le nom de la même famille construit avec *-eur / -euse*.

a. chanter – danser – voyager

b. nager – courir – grimper

5 Trouve l'adjectif de la même famille construit avec *-eux / -euse*.

a. paresse – honte – nombre

b. silence – soigné – malheur

6 Trouve le nom de la même famille construit avec *-ier*.

a. cuisine – épice – banque

b. pomme – olive – salade

7 Trouve le nom de la même famille construit avec *-iste*.

a. dent – journal – garage

b. guitare – piano – harpe

8 ☆ À DEUX Pour chaque mot de base, trouvez le plus possible de mots de la même famille (utilisez un dictionnaire).

mêler | dent | haut | dos

9 JE M'ENTRAINE DANS UN TEXTE

Relève les mots de la famille de *flamme*.

En été, il faut éviter les feux en forêt. Les aiguilles de pin sont très inflammables et une toute petite flammèche peut déclencher un incendie. Quand le bois est enflammé, il est difficile d'arrêter les flammes.

LES MOTS QUI VONT ENSEMBLE

LEÇON 16 Les synonymes et les antonymes

DÉCOUVERTE p. 124

LEXIQUE

JE RETIENS

- **Les synonymes sont des mots qui signifient presque la même chose.**
  manger / avaler   bouteille / flacon
- **Les antonymes sont des mots de sens contraire.**
  monter / descendre   connu / inconnu

JE M'ENTRAINE

Pour répondre, utilise ton dictionnaire.

1 ☆ Donne un synonyme de chaque mot.

a. chemin d. bon
b. déchirer e. gros
c. savoir f. méchant

2 Dans chaque liste, relève le mot qui n'est pas synonyme des autres.

a. beau – gracieux – cruel
b. miette – cheval – morceau
c. parler – presser – écraser

3 Dans chaque liste, relève le mot qui n'est pas synonyme des autres.

a. mélanger – mixer – savourer
b. rapidement – uniquement – vite
c. bonbon – malice – friandise

4 Reconstitue les paires de synonymes.

a. cesser – cogner – heurter – arrêter
b. délicieux – facile – simple – succulent

5 Reconstitue les paires d'antonymes.

a. bruyant – clair – sombre – silencieux
b. chuchoter – inquiéter – rassurer – crier
c. joie – vainqueur – peine – perdant

6 JE M'ENTRAINE DANS UN TEXTE

☆ Récris le texte en remplaçant chaque mot en gras par un synonyme.

Le petit singe descendait de l'arbre à toute **allure**. Il **s'agrippait** aux branches. Soudain, je le vis **stopper** pour écouter un cri dans le lointain.

7 JE M'ENTRAINE DANS UN TEXTE

☆ Trouve deux paires d'antonymes dans ce texte.

En épousant le père de Cendrillon, sa nouvelle femme avait amené avec elle deux filles jolies de visage mais laides de cœur. Cette méchante femme adorait ses filles mais détestait Cendrillon.

LEÇON 17 Les niveaux de langue

DÉCOUVERTE p. 125

JE RETIENS

- **Les synonymes peuvent appartenir à des niveaux de langue différents.**
  une voiture : niveau de langue **courant** (niveau le plus neutre)
  une bagnole : niveau de langue **familier** (surtout à l'oral, par exemple entre amis)
  une automobile : niveau de langue **soutenu** (plus recherché)
- **Quand le mot appartient au niveau de langue familier, le dictionnaire l'indique :** *fam*.

JE M'ENTRAINE

1 Relève le synonyme de niveau de langue familier.

a. paresseux – flemmard
b. pleurer – brailler
c. agaçant – gonflant
d. boucan – bruit

2 Classe les mots selon le niveau de langue : courant ou familier.

a. paumer – perdre
b. l'eau – la flotte
c. un chien – un toutou
d. se planter – se tromper
e. un nez – un pif

Langage courant	Langage familier

3 ☆ Classe les mots selon le niveau de langue : courant ou soutenu.

a. se vêtir – s'habiller
b. fatigué – lassé
c. décorer – enjoliver
d. la frondaison – le feuillage

Langage courant	Langage soutenu

4 ☆ Récris les phrases en langage courant.

a. C'est le bazar.
b. On aime bien rigoler.
c. Prête-moi ton bouquin.
d. J'ai planqué ma trousse.

5 ☆ ORAL Lis les trois phrases.

1. Relève les trois mots synonymes et indique le niveau de langue de chacun.

a. Est-ce que vous devez travailler beaucoup pour écrire un livre ?

b. J'ai beaucoup bossé pour réussir mon examen.

c. Des associations ont œuvré pour améliorer la récupération des déchets.

2. Imagine dans quelle situation chaque phrase pourrait être dite.

6 JE M'ENTRAINE DANS UN TEXTE

☆ Récris le texte en remplaçant les mots du langage familier par des synonymes du langage courant.

Quand Gricha vit l'ombre de l'homme, il eut **la trouille** de sa vie. Il fallait qu'il **décampe** le plus vite possible ! Finalement, il choisit de **se planquer** derrière un pilier du pont.

LEÇON 18

LES MOTS QUI VONT ENSEMBLE

Le champ lexical

DÉCOUVERTE p. 125

JE RETIENS

- **Un champ lexical est formé par des mots qui ont un thème commun.**

nager – l'eau – la natation – un bonnet → **champ lexical de la piscine**
cauchemar – rêver – dormir – lit → **champ lexical du sommeil**

JE M'ENTRAINE

1 **Nomme le champ lexical de chaque liste de mots.**

a. bateau – naviguer – vague – horizon

b. chêne – sous-bois – sombre – clairière

c. liberté – jeux – été – voyager

2 **Nomme le champ lexical de chaque liste de mots.**

a. pantalon – veste – s'habiller – garde-robe

b. rayons – chauffer – lumière – astre

c. courant – pont – berge – pêche

3 **Chasse l'intrus.**

a. lire – roman – personnage – cheminée

b. table – masque – déguisé – costume

c. somnoler – échelle – sieste – reposé

4 ☆ **Ajoute un mot appartenant au même champ lexical.**

a. cuisinier – cocotte – cuire – ...

b. pédaler – selle – guidon – ...

c. feuille – écrire – papier – ...

5 ☆ **Ajoute un mot appartenant au même champ lexical.**

a. triste – pleurer – chagrin – ...

b. joyeusement – rire – confettis – ...

c. neige – froid – décembre – ...

6 ☆ **Classe les mots du champ lexical de l'été dans la corolle lexicale photocopiée.**

chaleur – sueur – barbecue – se rafraichir – étouffant – piquenique – transpirer – sieste – ensoleillé – radieux – bronzé – flâner – lumineux

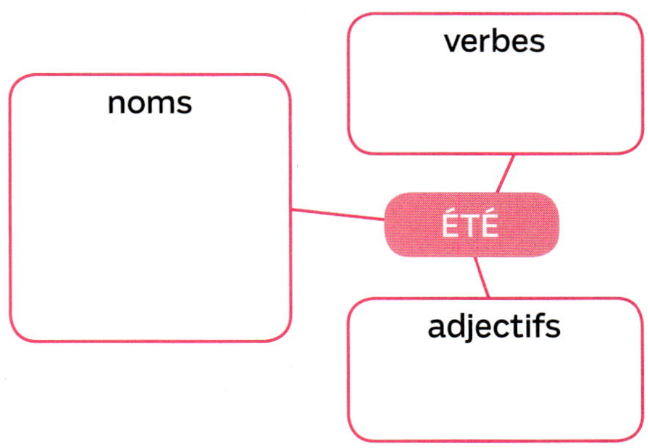

7 **JE M'ENTRAINE DANS UN TEXTE**

1. Relève les mots appartenant au champ lexical de l'eau.

Tes mots sont des ruisseaux
Qui mouillent mes dimanches.
Sans eux je ne saurais
Créer des atmosphères
Entre la source et la rivière.

Jean-Yves Roy, DR.

2. Trouve d'autres mots qui appartiennent au champ lexical de l'eau.

EN COLLECTIF

DÉCOUVERTE 19 La phrase

LEÇON et EXERCICES p. 132-133

ÉTAPE 1

Les noisettes sont des fruits secs. Les écureuils les cachent dans la terre. Ils font des réserves pour l'hiver. Les écureuils sont très malins !

a. **Combien** le texte comporte-t-il de **lignes** ?

b. **Combien** comporte-t-il de **phrases** ? Comment as-tu fait pour les reconnaitre ?

ÉTAPE 2

Écrivez deux phrases pour décrire le dessin :
- une phrase très courte (trois ou quatre mots) ;
- une phrase longue (au moins sept mots).

DÉCOUVERTE 20 Le verbe de la phrase

LEÇON et EXERCICES p. 134-135

ÉTAPE 1

1. Aujourd'hui, Jade arrive à vélo.
2. Demain, Jade arrivera à vélo.

a. **Lis** la phrase 1, puis la phrase 2 : quels mots ont changé ?

b. Quel est le verbe ? Comment le sais-tu ?

ÉTAPE 2

1. Mon voisin construit un hangar.
2. Mes voisins construisent un hangar.

a. Dans chaque phrase, **relève** le verbe.

b. Pourquoi le verbe a-t-il changé ?

ÉTAPE 3

À DEUX L'un de vous invente une phrase avec un verbe. L'autre dit quel est le verbe. **Inversez** les rôles.

DÉCOUVERTE 21

Le sujet du verbe

LEÇON et EXERCICES p. 136

ÉTAPE 1

1. La rivière coule en bas du jardin.
2. Arthur pêche la truite.

a. **Encadre** les verbes.

b. **Qu'est-ce qui coule** en bas du jardin ? (Réponds par *C'est… qui…*)

c. **Qui est-ce qui pêche** la truite ? (Réponds par *C'est… qui…*)

d. **De quoi parle-t-on** dans la phrase 1 ? De qui parle-t-on dans la phrase 2 ?

ÉTAPE 2

1. Le canoë descend la rivière.
2. Les canoës descendent la rivière.

a. **Encadre** les verbes.

b. Pourquoi le verbe change-t-il ?

c. **Souligne** les sujets des verbes.

ÉTAPE 3

À DEUX L'un de vous dit un sujet. L'autre complète la phrase avec un verbe. **Inversez** les rôles.

DÉCOUVERTE 22

Les compléments

LEÇON et EXERCICES p. 137

ÉTAPE 1

1. L'ourse protège ses petits.

a. **Encadre** le verbe et souligne le sujet.

b. Quel est le rôle du GN *ses petits* ?
Peux-tu déplacer ce **complément** ?

ÉTAPE 2

2. Dans sa grotte, l'ourse protège ses petits.
3. L'ourse protège ses petits depuis un mois.

a. **Lis** les phrases 2 et 3. **Recopie** les deux expressions ajoutées à la phrase 1.

b. Quel groupe de mots répond à la question *Où ?*
Quel groupe de mots répond à la question *Depuis quand ?*
Peux-tu déplacer ces compléments ?

ÉTAPE 3

À DEUX L'un de vous dit un sujet et un verbe.
L'autre ajoute un complément. **Inversez** les rôles.

LEÇON 19

LA PHRASE ET SES CONSTITUANTS

La phrase

DÉCOUVERTE p. 130

JE RETIENS

Le renard aime les raisins.

- Dans la phrase, les mots sont en ordre.
- La phrase a du sens.
- La phrase commence par une majuscule et se termine par un point : . ? !

JE M'ENTRAINE

J'identifie les phrases

1 ORAL 1. Combien le texte comporte-t-il de lignes ?

2. Combien comporte-t-il de phrases ?

3. Lis le texte en t'arrêtant à la fin de chaque phrase.

Tante Sylvie, la sœur de maman, vit à La Rochelle. Sa maison donne sur le port. Chaque matin, elle fait du vélo. Quand je suis en vacances chez elle, je la suis avec mon vélo rouge.

2 ORAL 1. Combien le texte comporte-t-il de lignes ?

2. Combien comporte-t-il de phrases ?

3. Lis le texte en t'arrêtant à la fin de chaque phrase.

La tempête a soufflé cette nuit. Mais les bateaux ont résisté. Le temps est calme aujourd'hui. Quand irons-nous en mer ?

3 Recopie la phrase correcte. Explique ton choix.

a. maman fait de la confiture

b. Les mures contiennent des graines.

c. La confiture monte dans sa voiture.

d. la confiture Ma sœur adorons et moi.

4 Recopie la phrase correcte. Explique ton choix.

a. Le miel est bon pour la santé.

b. Le miel mange l'ours.

c. Le nectar abeilles devient du miel des

J'écris des phrases

5 Remets les mots dans le bon ordre.

a. courent. | élèves | Les

b. marelle. | à | Léna | joue | la

c. des | Simon | billes. | apportera

6 ☆ Remets les mots dans le bon ordre. Ajoute les points.

a. viennent | de naitre | juste | Les oisillons

b. les | becqueter | petits | Ils | vers de terre | aiment

c. son nid | a peur | de quitter | L'oisillon

d. s'est envolé | chauds | les pays | L'oiseau | vers

7 ☆ Remets les mots dans le bon ordre. Ajoute les points.

a. ne trouve plus | coccinelle | La petite | ses amies

b. pour | se pose | les attendre | Elle | sur une tente

c. à côté | s'installe | d'elle | Une abeille

d. elles | Aussitôt | amies | très | deviennent

8 ☆ Dis le texte dans ta tête pour retrouver les trois phrases. Recopie-le en ajoutant les majuscules et les points.

ma sœur aime jouer à la corde à sauter moi, je préfère l'élastique heureusement, toutes les deux, nous adorons jouer à colin-maillard

9 ☆ Retrouve les cinq phrases. Ajoute les majuscules et les points.

le loup est un animal carnivore il vit dans la forêt le loup communique avec les autres loups par des signes et des sons il se nourrit de gros gibiers herbivores ou de petits gibiers le loup et la louve forment un couple pour toute leur vie

10 Complète les phrases.

a. ... se trouve à l'étage.

b. Mon frère ... de bonne heure.

c. Le matin, je bois ... .

d. Mon chat ... jusqu'à midi.

11 Complète les phrases.

a. La sorcière ... sa potion.

b. ... courent sur le plancher.

c. Le chaudron est posé ... .

d. Ce matin, la sorcière est ... .

12 DICTÉE PRÉPARÉE

Lis le texte, puis observe l'orthographe de l'expression en gras.

Au brouillon, entraine-toi à écrire les mots difficiles sans erreur.

La bibliothèque est un endroit tranquille. J'aime surtout lire des magazines. **Veux-tu y aller** avec moi la semaine prochaine ?

13 JE M'ENTRAINE DANS UN TEXTE

1. Ajoute la ponctuation. Il y a 2 points, 1 point d'interrogation, 1 point d'exclamation.

Le jardinier aimait ses rosiers ☐
Comme ses roses étaient belles ☐
Tous les matins, il venait les admirer ☐
Pourquoi fallait-il que l'été finisse ☐

2. Ajoute la ponctuation. Il y a 1 point, 2 points d'exclamation, 1 point d'interrogation.

Dame Souris trouve un gâteau ☐
Quelle chance elle a aujourd'hui ☐
A-t-elle le temps d'en manger ☐
Vite, elle grimpe sur le buffet ☐

14 Écris une phrase pour décrire l'image.

GRAMMAIRE

LEÇON 20

LA PHRASE ET SES CONSTITUANTS

Le verbe de la phrase

DÉCOUVERTE p. 130

JE RETIENS

- **Le verbe change selon le temps.**
  Maintenant, le tram **passe** devant chez moi.
  L'année prochaine, le tram **passera** devant chez moi.
  L'année dernière, le tram **passait** devant chez moi.
- **Le verbe change selon la personne du sujet :**
  je, tu, il ou *elle* ou *on, nous, vous, ils* ou *elles.*
  En été, je **nage** pendant des heures.
  En été, vous **nagez** pendant des heures.

JE M'ENTRAINE

J'identifie le verbe de la phrase

1 ORAL **1. Lis les phrases.**

a. Aujourd'hui, le bus arrive à 8 heures.

b. Demain, le bus arrivera à 8 heures.

c. Avant, le bus arrivait à 8 heures.

2. Quel mot change de forme ? Pourquoi ?

3. Recopie la phrase a. Encadre le verbe.

2 ORAL **1. Lis les phrases.**

a. L'an dernier, Gabriel faisait du judo.

b. Cette année, Gabriel fait du judo.

c. L'an prochain, Gabriel fera du judo.

2. Quel mot change de forme ? Pourquoi ?

3. Recopie la phrase a. Encadre le verbe.

3 **Encadre le verbe de la phrase.**

Ma voisine adore les oranges.

4 ORAL **1. Lis les phrases.**

a. Je déteste les moustiques.

b. Nous détestons les moustiques.

2. Quel mot change de forme ? Pourquoi ?

3. Recopie la phrase a. Encadre le verbe.

5 ORAL **1. Change le temps de la phrase.**

a. Ce matin → Demain.
Ce matin, nous rencontrons un écrivain dans notre classe.

b. L'année dernière → Cette année.
L'année dernière, Ben jouait au foot.

2. Recopie la phrase a. Encadre le verbe.

6 ORAL **1. Change le sujet de la phrase.**

a. Cet écrivain → Tu.
Cet écrivain invente des contes et des histoires de sorcières.

b. Ben → Nous.
Ben marque souvent des buts.

2. Recopie la phrase a. Encadre le verbe.

7 Relève les verbes. Explique comment tu les as trouvés.

a. En Bretagne, nous marchions sur les sentiers.

b. De temps en temps, je ramassais des branches.

c. Parfois, elles font de jolies cannes.

8 Relève les verbes.

a. Mon frère triche souvent aux cartes.

b. Tous les dimanches, nous jouons aux dames.

c. Je connais beaucoup de jeux de société.

9 Relève les verbes.

a. La maitresse des CP possède une guitare.

b. Ce soir, le chanteur répètera à 18 heures.

c. Le comédien lit un poème aux enfants.

Je manipule le verbe de la phrase

10 ☆ Change le temps de chaque phrase en ajoutant *Demain*. Encadre le verbe.

a. Le jardin public reste fermé.

b. Un nouveau toboggan est installé.

c. Les enfants veulent tous s'amuser.

11 ☆ Change le temps de chaque phrase en ajoutant *Avant*. Encadre le verbe.

a. Mon copain pratique le tennis.

b. Sacha a une belle raquette.

c. Les matchs sont le samedi.

12 ☆ Change la personne du sujet.

a. Remplace *Tu* par *Nous*.

Tu découvres les jolis chatons.
→ Nous ... les jolis chatons.

b. Remplace *Nous* par *Elle*.

Nous fabriquons une pelote.
→ Elle ... une pelote.

13 ☆ Change la personne du sujet. Remplace *Je* par *Vous*.

Je donne du lait à mon chat.
→ Vous ... du lait à mon chat.

14 ☆ Ajoute un verbe.

a. Au centre aéré, nous ... des masques.

b. L'animatrice ... des chansons.

c. Parfois, je ... des farces à mon copain.

d. Souvent, je ... des bandes dessinées.

15 Écris une phrase avec l'un des verbes. Encadre-le.

bavarder – regarder – chercher – grimper

16 DICTÉE PRÉPARÉE
Mémorise l'orthographe des mots invariables.

La sorcière fait une potion. **D'abord**, elle malaxe des feuilles d'ortie avec de la bave de crapaud. **Ensuite**, elle ajoute de l'eau boueuse. **Enfin**, elle verse dessus un café très fort.

17 JE M'ENTRAINE DANS UN TEXTE
Relève les verbes.

Le boa rampe au pied de l'arbre.
Il glisse silencieusement. Le lézard voit le boa. Aussitôt, il grimpe dans l'arbre. Heureusement, le boa cherche une autre proie.

LEÇON 21

LA PHRASE ET SES CONSTITUANTS

Le sujet du verbe

DÉCOUVERTE p. 131

JE RETIENS

- **Dans la phrase, le sujet indique de qui ou de quoi on parle.**
  Le singe épluche sa banane avec ses mains.
  → De qui parle-t-on ? → On parle d'un singe. → ***Le singe*** **est le sujet du verbe.**

- **Pour trouver le sujet du verbe, tu peux utiliser la question *Qui est-ce qui... ?* ou *Qu'est-ce qui... ?***
  → Qui est-ce qui épluche sa banane ? C'est **le singe**.

JE M'ENTRAINE

J'identifie le sujet du verbe

1 ORAL **1. Pour chaque phrase, donne le verbe et le sujet.**

a. Les singes grimpent dans les arbres.

b. La jungle abrite des animaux sauvages.

2. Recopie les phrases. Souligne le sujet et encadre le verbe.

2 ORAL **1. Donne le sujet des verbes de chaque phrase. Utilise *Qui est-ce qui ?* ou *Qu'est-ce qui ?***

a. Des singes adoptent Tarzan.

b. Tarzan vit avec les singes pendant vingt ans.

2. Recopie les phrases. Souligne le sujet et encadre le verbe.

Je manipule le sujet du verbe

3 **1. Remets les mots dans le bon ordre. Ajoute les majuscules et les points.**

a. vers la mer | les mouettes | volent

b. perd | le chêne | ses feuilles

2. Souligne les sujets et encadre les verbes.

4 **Écris une phrase pour chaque sujet. Utilise le verbe entre parenthèses.**

a. Le Petit Poucet (chercher) ...

b. L'ogre (arriver) ...

c. Sa femme (cacher) ...

5 **Ajoute un sujet de ton choix.**

a. ... vend des crêpes et des gaufres.

b. ... achète une barbe à papa.

c. ... mange un chichi au sucre.

6 **DICTÉE PRÉPARÉE**

Recopie les groupes Sujet + Verbe. Repère bien leur orthographe.

La caravane arrive au camping. Aussitôt, les enfants repèrent les jeux. Un chemin mène à la plage. Marin court se baigner avec son chien.

7 **JE M'ENTRAINE DANS UN TEXTE**

Relève les groupes Sujet + Verbe.

Un papillon butine une fleur. Le chat des voisins joue avec une ficelle. Soudain, il aperçoit le papillon. Il s'élance vers lui. Le papillon s'envole. Le chat est très étonné.

LEÇON 22

LA PHRASE ET SES CONSTITUANTS

Les compléments

DÉCOUVERTE p. 131

GRAMMAIRE

JE RETIENS

- **Dans une phrase, en plus du sujet et du verbe, il y a souvent un complément.**
- **Certains compléments complètent le verbe.**
  Les musiciens joueront **un air de samba**.
- **Certains compléments apportent une précision à la phrase.**
  Après le diner, les musiciens joueront un air de samba.
  Les musiciens joueront un air de samba **sous le préau**.

JE M'ENTRAINE

J'identifie les compléments

1 ORAL **Relève un complément dans chaque phrase.**

a. Tintin adore l'aventure.

b. Milou cherche son os.

c. Le capitaine Haddock surveille l'horizon.

d. Tintin a arrêté les bandits.

2 ORAL **Relève un complément dans chaque phrase. Explique comment tu l'as trouvé.**

a. Petit-Louis contemple la Forêt interdite.

b. Au bout d'un moment, il s'assoit.

c. Petit-Louis entend des grognements bizarres.

3 **Recopie les compléments.**

a. Des arbres géants entourent Petit-Louis.

b. Petit-Louis voit un tronc énorme.

c. Un tout petit homme apparait entre deux feuilles.

4 ☆ **Recopie les trois compléments.**

Au pied de l'arbre, Petit-Louis observe les racines pendant de longues minutes.

Je manipule les compléments

5 ☆ **Recopie la phrase en supprimant les compléments.**

a. Les lions dorment sous l'arbre.

b. Chaque année, de nouveaux lions naissent.

c. Des lions se rassemblent au point d'eau.

6 ☆ **Recopie la phrase en déplaçant les compléments.**

a. En Inde, les rhinocéros sont menacés.

b. Dans certains pays, les forêts se font rares.

c. Dès sa naissance, le rhinocéros se tient debout.

7 **Ajoute des compléments.**

Pour Noël, les enfants commandent … . Ils décorent … . Cette année, Maya a reçu … .

8 **JE M'ENTRAINE DANS UN TEXTE**
☆ **Recopie les six compléments.**

Pendant son enfance, Tom Pouce apprit à lire. Sur son minuscule cahier, il faisait des dessins merveilleux. Tous les jours, il cueillait des fleurs.

EN COLLECTIF

DÉCOUVERTE 23 Le groupe nominal : le nom et les déterminants

LEÇON et EXERCICES p. 140-141

ÉTAPE 1

une main – mon canapé – la plante – tes lacets – cette bouteille

a. **Recopie** les groupes nominaux. **Encadre** les noms.

b. **Propose** deux groupes nominaux pour compléter la liste. **Encadre** les noms.

ÉTAPE 2

La fleur est apparue soudainement. Les fleurs nous rendent heureux.

a. **Relève** le groupe nominal (GN) dans chaque phrase.
Quel mot te permet de savoir s'il est au singulier ou au pluriel ?

b. **Entoure** ce mot dans chaque GN. C'est le **déterminant**.

ÉTAPE 3

Le jardin est très fleuri. La maison est pleine de fleurs.

Dans les GN *Le jardin* et *La maison*, que t'indiquent les déterminants ***Le*** et ***La*** ?

ÉTAPE 4

Cette année, **Jérémy** est entré au collège de **Montfermeil**.

a. Quelle est la caractéristique des noms en gras ?

b. **Donne** d'autres exemples de **noms propres**.

DÉCOUVERTE 24 L'adjectif qualificatif

LEÇON et EXERCICES p. 142-143

1. La sorcière prépare des potions.
2. La cruelle sorcière prépare des potions répugnantes.

a. **Relève** les GN de la phrase 2. **Souligne** les mots qui ont été ajoutés aux GN de la phrase 1.

b. À quoi servent ces **adjectifs qualificatifs** ?

c. **À DEUX** **Inventez** des GN comportant un adjectif qualificatif. L'un propose un déterminant et un nom. L'autre ajoute un adjectif qualificatif.

DÉCOUVERTE 25

Verbe, nom ou adjectif qualificatif ?

LEÇON et EXERCICES p. 144

ÉTAPE 1

1. Le mousse est heureux de naviguer.
2. Ce savon mousse beaucoup.

a. **Relève** le mot identique dans les deux phrases.

b. **Donne** sa classe grammaticale dans chaque phrase.
Explique comment tu as distingué les deux classes grammaticales.

ÉTAPE 2

1. Le marin sait tendre sa voile pour la faire sécher.
2. La chair tendre des daurades est délicieuse.

a. **Relève** le mot identique dans les deux phrases.

b. **Donne** sa classe grammaticale dans chaque phrase.
Explique comment tu as distingué les deux classes grammaticales.

DÉCOUVERTE 26

Le pronom sujet

LEÇON et EXERCICES p. 145

ÉTAPE 1

1. Pendant l'hiver, nous dormons davantage.
2. Souvent, ma grand-mère se couche très tôt.
3. Les ours hibernent.
4. Ils restent tapis dans leur tanière.

a. Dans chaque phrase, **relève** les groupes Sujet + Verbe.

b. **Classe**-les selon que le sujet est un GN ou un pronom.

c. **Fais la liste** de tous les pronoms sujets que tu connais.

ÉTAPE 2

Tôt le matin, le boulanger prépare son pain.
Il commence par les baguettes.
Ensuite, la boulangère range les pains.
Elle ouvre son magasin à sept heures.

a. Quel GN remplace le pronom *Il* ?

b. Quel GN remplace le pronom *Elle* ?

LEÇON 23

LES CLASSES DE MOTS

Le groupe nominal : le nom et les déterminants

DÉCOUVERTE p. 138

JE RETIENS

- **Le groupe nominal (GN) est composé d'un déterminant et d'un nom.**

  une rose (déterminant nom) — le jardin (déterminant nom) — des fleurs (déterminant nom)

- **Le nom est le noyau du groupe nominal.**

  un coquelicot → *coquelicot* est le nom noyau

- **Le déterminant donne des indications sur :**

  – le genre du groupe nominal, masculin ou féminin ;

  le tableau → masculin   **la** craie → féminin

  – le nombre du groupe nominal, singulier ou pluriel.

  le cahier → singulier   **les** cahiers → pluriel

- **Les noms propres s'écrivent avec une majuscule.**

  Karl – Dorothée – Lille – Marseille

  la France – l'Alsace – les Antilles – des Italiens – une Renault

JE M'ENTRAINE

J'identifie le groupe nominal (déterminant + nom)

1 **Recopie les groupes nominaux. Encadre les noms noyaux et souligne les déterminants.**

a. des étoiles – une ombre – cette comète

b. la lumière – le soleil – nos rêves

c. la nuit – des perles – ce matin

2 ORAL **Relève uniquement les groupes nominaux.**

a. ils dévorent – mes habits – sa robe

b. cette plage – je chante – le bateau

c. un pays – tu aimes – nous marchons

d. la forêt – un panda – il grimpe

3 **1. Relève uniquement les groupes nominaux.**

a. le vélo – elle roule – le gravier

b. ce virage – vous conduisez – la place

c. des roues – elles rient – une ceinture

2. Encadre les noms noyaux et souligne les déterminants.

4 ☆ **1. Relève les groupes nominaux.**

a. Le jardinier arrose ses plantes.

b. Une tempête a détruit sa ferme.

c. La petite fille joue avec son chien.

d. Mes cartes sont intéressantes.

2. Encadre les noms noyaux et souligne les déterminants.

GRAMMAIRE

5 1. Recopie uniquement les groupes nominaux féminins.

a. une cuillère – un four – une assiette – la tasse – son bol – ta serviette

b. le magicien – une épée – ma soupe – son maquillage – un masque

2. Entoure les déterminants.

6 Classe les groupes nominaux dans le tableau photocopié.

a. la balance – la pièce – ton bateau – sa montre – un oreiller – le couloir

b. sa fille – un paysage – un éclair – cet orage – la pluie – une feuille

GN masculin	GN féminin

7 1. Recopie uniquement les groupes nominaux au pluriel.

a. un écran – des acteurs – ces caméras – le réalisateur – les projecteurs – leur fauteuil

b. un navire – ce drapeau – des vagues – l'ile – ses matelots – la tempête

2. Entoure les déterminants.

3. Entoure la marque de pluriel des noms (-*s*).

Je repère les noms propres

8 Relève les noms propres.

a. Mon chien Olive aboie sans cesse.

b. Les Chinois ont inventé la boussole.

c. Léonard de Vinci a peint la Joconde.

d. La tour Eiffel brille dans la nuit.

9 Complète avec un nom propre.

a. Sa tante s'appelle ...

b. Elle habite à ...

c. Les pizzas et les pâtes sont nées en ... .

d. La péniche navigue sur la ... .

Je manipule le groupe nominal

10 1. Associe chaque déterminant à un nom pour construire un GN.

Déterminants : ta – le – mes
Noms : classeurs – table – tableau

☆ 2. Construis une phrase avec chaque GN. Le GN sera sujet du verbe.

11 À DEUX 1. Complète les textes avec les déterminants qui conviennent.

a. Boule est ... garçon qui possède ... chien. ... chien s'appelle Bill. Ensemble, ils vivent ... aventures amusantes.

b. ... famille de Boule possède aussi ... tortue qui s'appelle Caroline.

2. Comparez vos productions et expliquez vos choix.

12 Complète le texte avec les noms.

sapin – cadeaux – guirlandes – étoile

En attendant de recevoir ses ... , Hugo décore le... . Il place les ... tout autour du sapin et ajoute l'... au sommet.

13 DICTÉE PRÉPARÉE
Repère le nom propre. Recopie les GN. Entoure les marques de pluriel des noms (-*s* ou -*x*).

Dans le potager, Juliette a planté des légumes : des courgettes, des poireaux et des haricots. Bientôt, ma grand-mère ramassera sa récolte. Nous pourrons préparer une soupe et un gratin.

LEÇON 24

LES CLASSES DE MOTS

L'adjectif qualificatif

DÉCOUVERTE p. 138

JE RETIENS

- **Dans le groupe nominal, l'adjectif qualificatif apporte des précisions au nom noyau.**

  Une [voiture] **blanche** est garée devant chez moi.
  (voiture : nom ; blanche : adjectif)

- **Avec le déterminant et le nom noyau, l'adjectif qualificatif forme un groupe nominal étendu.**

  une pomme → GN minimal — une pomme **verte** → **GN étendu**

JE M'ENTRAINE

J'identifie l'adjectif qualificatif

1 ORAL **Relève les adjectifs qualificatifs.**

a. une course dangereuse – la table basse – ton repas appétissant – cette longue pause

b. un élève absent – une jolie casquette – des jeux amusants – l'ancienne cabane

2 **Recopie le GN. Encadre les noms noyaux et souligne les adjectifs qualificatifs.**

a. une forêt profonde

b. des champignons vénéneux

c. un arbre tordu

3 **1. Recopie les GN qui contiennent un adjectif qualificatif.**

a. un magnifique tableau – ton pinceau – ce célèbre peintre – l'exposition – des belles couleurs – son chevalet

b. la petite cuisine – un plat délicieux – son assiette – ma fourchette – l'éponge humide – ta boisson rafraichissante

2. Encadre les noms noyaux et souligne les adjectifs qualificatifs.

4 **1. Recopie les GN.**

a. ces légumes frais – on campe – une violente pluie – il pleut – les longues guirlandes

b. sa chaise haute – tu as couru – ta chemise sale – cette musique douce – la colombe chante

2. Encadre les noms noyaux et souligne les adjectifs qualificatifs.

5 ☆ **Dans chaque liste, relève les adjectifs qualificatifs.**

a. sale – rouge – marcher – humide

b. lourd – girafe – chaud – pluie

c. content – autocar – poli – raide

6 ☆ **1. Relève les GN qui contiennent un adjectif qualificatif.**

a. Les nouveaux élèves découvrent l'école.

b. Les touristes préfèrent les mers chaudes.

c. Un mystérieux trésor se cache sur cette ile.

2. Encadre les noms noyaux, entoure les déterminants et souligne les adjectifs qualificatifs.

Je manipule l'adjectif qualificatif

7 ORAL Associe le GN à l'adjectif qualificatif qui convient.

GN minimal	Adjectif
un dessert	drôles
des colis	courageux
un chevalier	légers
des histoires	appétissant

8 ☆ Écris une phrase avec chaque GN étendu de l'exercice 7.

9 Ajoute un adjectif qualificatif à chaque GN.

a. une voiture – un train

b. des lettres – une enveloppe

c. une fille – un garçon

d. des films – un poème

10 Complète chaque GN avec l'adjectif qualificatif qui convient.

long | étroites | gentils | déserte

a. des rues ...

b. des garçons ...

c. un ... chemin

d. cette ile ...

11 ☆ Construis une phrase avec chaque GN étendu de l'exercice 10.

12 Remplace les expressions en gras par un adjectif qualificatif de la liste.

normande | effrayants | rayées | pointu

a. La sorcière porte un chapeau **en forme de pointe**.

b. Ses yeux lancent des éclairs **qui font peur**.

c. Elle habite une forêt **de Normandie**.

d. Ses chaussettes **à rayures** sont sales.

13 À DEUX Décrivez le monstre du dessin en ajoutant les adjectifs qualificatifs aux groupes nominaux.

pointues | grandes | petites | longs | poilus | globuleux

Je connais un monstre qui a des ... bras et des pieds ... .
Il a des yeux ... .
Ses jambes sont ... .
Il a des oreilles ... et des ... dents.

14 DICTÉE PRÉPARÉE
Repère les adjectifs qualificatifs. Observe leur terminaison.

Sara a décidé de devenir une gentille sorcière. Elle veut utiliser ses pouvoirs magiques pour aider les gens.
Elle fait des potions délicieuses avec des ingrédients sucrés. Un crapaud adorable l'accompagne partout.

15 JE M'ENTRAINE DANS UN TEXTE
Relève les trois GN qui comportent un adjectif qualificatif.

La pluie froide fouette ton visage.
Tu te mets à l'abri d'un passage.
Les gouttes grises volent en pagaille.
Tu leur livres une dure bataille.

GRAMMAIRE

LEÇON 25

LES CLASSES DE MOTS

Verbe, nom ou adjectif qualificatif ?

DÉCOUVERTE p. 139

JE RETIENS

- **Certains mots sont identiques mais appartiennent à des classes de mots différentes.**

  Le chevalier s'aide de sa lance (nom). L'athlète lance (verbe) le disque.

  J'aime ton foulard bleu (adjectif). Le bleu (nom) est ma couleur préférée.

- **Pour identifier la classe grammaticale d'un mot, il faut observer les mots qui l'entourent.**

  sa lance → Le mot *lance* est précédé d'un déterminant. → Il s'agit d'**un nom**.

JE M'ENTRAINE

1 ORAL **Identifie la classe grammaticale des mots en gras. Explique comment tu l'as identifiée.**

a. Cette musique **calme** m'a fait du bien.

b. Je demande juste le **calme**, s'il vous plait.

c. Une berceuse **calme** un bébé qui pleure.

2 ORAL **Identifie la classe grammaticale des mots en gras. Explique comment tu l'as identifiée.**

a. Paul **vide** l'eau trop chaude par terre.

b. Alice a l'impression de tomber dans le **vide**.

c. Il faudrait remplir cette carafe **vide**.

3 **Identifie la classe grammaticale des mots en gras. Explique comment tu l'as identifiée.**

a. La **porte** est ouverte.
Elle **porte** son bidon de lait.

b. Je ne veux pas de ce lait **froid**.
Le **froid** m'empêche de sortir.

c. La fermière **élève** des lapins.
L'**élève** observe une araignée.

4 **Dans le tableau photocopié, classe les mots de l'exercice 3.**

GN	Sujet + Verbe
La porte	Elle porte

5 **1. Identifie la classe grammaticale des mots en gras.**

a. Je **vis** dans un immeuble.
Pour monter un meuble, il me faut une **vis**.

b. Elle **court** depuis une heure.
J'ai vu un film **court**.

c. Tes **joues** sont rouges.
Tu **joues** souvent dehors.

2. Complète le tableau de l'exercice 4.

6 AUTODICTÉE
Apprends le texte par cœur et écris-le de mémoire.

Dans notre famille, les enfants aiment la danse mais les adultes préfèrent la marche. Donc, le mercredi, un groupe danse et l'autre marche. Ainsi, tout le monde est content.

LEÇON 26

LES CLASSES DE MOTS

Le pronom sujet

DÉCOUVERTE p. 139

GRAMMAIRE

JE RETIENS

- **Le sujet du verbe peut être un pronom.**
  Tu admires les jongleurs.
- **Voici la liste des pronoms sujets.**

	Singulier	Pluriel
1re personne	**je** jongle	**nous** jonglons
2e personne	**tu** jongles	**vous** jonglez
3e personne	**il, elle, on** jongle	**ils, elles** jonglent

- **Les pronoms sujets de 3e personne :**
  – ***il*** remplace un GN masculin singulier ; **Le chat** miaule. → **Il** miaule.
  – ***ils*** remplace un GN masculin pluriel ; **Les chats** miaulent. → **Ils** miaulent.
  – ***elle*** remplace un GN féminin singulier ; **La tortue** a soif. → **Elle** a soif.
  – ***elles*** remplace un GN féminin pluriel. **Les tortues** ont soif. → **Elles** ont soif.

JE M'ENTRAINE

1 **1. Dans le tableau photocopié, classe les groupes Pronom sujet + Verbe.**

tu reviens – il part – nous avançons – vous regardez – elles sauvent – je joue – elle lance – ils disent – on arrive

	Singulier	Pluriel
1re personne		
2e personne		
3e personne		

2. Entoure les terminaisons des verbes.

2 **Associe les pronoms sujets et les verbes.**

Pronoms sujets : ils – tu – vous – je
Verbes : rêves – valsez – dansent – suis

3 **Recopie les groupes Pronom sujet + Verbe.**

a. Tous les jours, tu manges à la cantine.

b. Il marchait dans le parc.

4 ORAL **1. Identifie les GN sujets.**

a. Le bibliothécaire descend les marches.

b. Sa veste est accrochée à un clou.

c. Les lecteurs rendent leur livre.

d. Les étagères sont un peu hautes.

☆ **2. Remplace chaque GN sujet par un pronom : *elle – elles – il – ils*.**

5 ☆ **Remplace le GN sujet par un pronom.**

a. Brusquement, le navire fait demi-tour.

b. La terre apparait à l'horizon.

c. Les marins sont très surpris.

d. Leurs familles attendaient sous la pluie.

6 **Remplace le pronom sujet par le GN qui convient.**

Les joueurs – L'entraineuse

a. Ils entrent sur le terrain.

b. Elle donne ses derniers conseils.

EN COLLECTIF

DÉCOUVERTE 27

Les trois types de phrases

LEÇON et EXERCICES p. 148-149

ÉTAPE 1

a. Quel personnage **pose une question ?**
Quel personnage **affirme quelque chose ?**
Quel personnage **donne un ordre ?**

b. Complète avec le numéro de la phrase.
La phrase ... est **interrogative**. Elle pose une question.
La phrase ... est **déclarative**. Elle affirme quelque chose.
La phrase ... est **impérative**. Elle donne un ordre.

ÉTAPE 2

1. Les bus se rangent devant la gare.
2. Relis ta leçon.
3. Quelle est ta couleur préférée ?
4. Aimes-tu les vêtements rouges ?
5. Attends ta maman sous le préau.
6. J'attends le bus depuis 10 minutes.

a. Quelles sont les deux phrases déclaratives ? les deux phrases interrogatives ? les deux phrases impératives ?

b. À quoi reconnait-on une phrase interrogative ?

c. Recopie les phrases impératives et encadre les verbes. Ont-ils un sujet ?

DÉCOUVERTE 28

La forme affirmative et la forme négative

LEÇON et EXERCICES p. 150

GRAMMAIRE

ÉTAPE 1

1. **Paul ne veut pas** aller chez le dentiste.
2. Sa maman rassure Paul : « **Le dentiste ne fait pas** mal ! »

a. **Recopie** les expressions en gras :
– **souligne** les sujets ;
– **encadre** les verbes.

b. **Entoure** les mots qui sont avant et après les verbes.
À quoi servent ces petits mots ?

ÉTAPE 2

1. Laura prépare des gâteaux.
2. Laura ne prépare pas de gâteaux.
3. Laura donne un gâteau à son chien.
4. Laura ne donne jamais de gâteau à son chien.

a. Quelles sont les phrases **négatives** ?
Relève les mots de négation.

b. Quelles sont les phrases **affirmatives** ?

DÉCOUVERTE 29

La forme exclamative

LEÇON et EXERCICES p. 151

Il a neigé toute la nuit.
– **Le jardin sous la neige est magnifique !** s'écrie Julie.
Elle enfile son manteau et ses bottes puis elle crie à son frère :
– Tom, **viens me rejoindre !**

a. **Lis** le texte à voix haute en mettant le ton.

b. Quel est le sentiment exprimé par Julie dans la première phrase en gras ?
Par quel signe de ponctuation la phrase se termine-t-elle ?

c. Par quel signe de ponctuation se termine la 2e phrase en gras ?
À quoi sert-il ?

d. **Écris** la réponse de Tom sous la forme d'une phrase **exclamative**.

LEÇON 27

LES TYPES ET LES FORMES DE PHRASES

Les trois types de phrases

DÉCOUVERTE p. 146

JE RETIENS

- **Dans la phrase déclarative, on affirme ou on constate quelque chose.**
  Le maitre arrivera à 8 heures. Le maitre est entré dans la classe.
  La phrase déclarative se termine par un point.

- **Dans la phrase interrogative, on pose une question.**
  Est-ce que tu viendras demain ? Sais-tu à quelle heure ? Comment vas-tu ?
  À l'oral, la voix monte à la fin de la phrase.
  À l'écrit, la phrase se termine par un point d'interrogation.

- **Dans la phrase impérative, on donne un ordre ou un conseil.**
  Rapporte-moi du beurre. Lisez ce texte.
  La phrase impérative se termine par un point.
  Le sujet n'est pas exprimé.

JE M'ENTRAINE

J'identifie les trois types de phrases

1 ORAL **Lis chaque phrase à voix haute. Dis si elle est déclarative, interrogative ou impérative.**

a. La gardienne a attrapé le ballon.

b. La gardienne a-t-elle attrapé le ballon ?

c. Attrape le ballon.

d. N'oublie pas ton rendez-vous.

e. As-tu pensé à ton rendez-vous ?

f. J'ai oublié mon rendez-vous.

2 **1. Lis le texte en t'arrêtant à la fin de chaque phrase.**
2. Recopie les phrases déclaratives.

Je suis allée au cirque. Sais-tu ce que j'ai vu ? J'ai aperçu un clown manger des sardines. Tu ne me crois pas ?

3 **1.** ORAL **Lis les phrases interrogatives à voix haute.**

a. Où est ton nouveau jeu ?

b. Vois-tu ma nouvelle montre ?

c. Avez-vous des chaussures de sport ?

d. Que mangerons-nous ce soir ?

2. Recopie les phrases. Entoure le signe de ponctuation.

3. Que remarques-tu sur la place du sujet ?

4 **JE M'ENTRAINE DANS UN TEXTE**
Dis le type de chaque phrase.

L'épouvantail se sent seul au milieu du champ. Il y a bien les oiseaux mais ils ne restent jamais. Un jour, un chat arrive et s'approche de lui. Voudra-t-il devenir son ami ?

5 **JE M'ENTRAINE DANS UN TEXTE**
Dis le type de chaque phrase.

Renart veut que la poule sorte de son poulailler.
– Viens avec moi, ma chère poule. Ne crains rien.
– Éloigne-toi, Renart. Ne cherche pas à m'attraper.

6 1. Combien y a-t-il de phrases impératives dans ce règlement ?

> **Règlement de la piscine**
> - Apportez votre maillot de bain et votre serviette.
> - Lavez-vous les pieds avant d'entrer dans l'eau.
> - Ne courez pas au bord du bassin.
> - Faites attention avant de plonger.

2. Recopie les verbes.

J'écris des phrases déclaratives, interrogatives et impératives

7 Complète les phrases déclaratives.

a. La neige recouvre ...

b. Les nuages filent ...

c. Un arc-en-ciel se forme ...

8 Ajoute deux phrases déclaratives en lien avec le sens du texte.

Lila vient de se lever. Elle découvre un cadeau au pied de son lit. Vite, elle se précipite pour l'ouvrir. Elle arrache le papier et une grande boite rouge apparait.

9 ☆ Ajoute un mot interrogatif.

a. ... a peint cette toile ?

b. ... ferez-vous une exposition ?

c. ... avez-vous choisi cette couleur ?

10 ☆ À DEUX 1. Trouvez les phrases interrogatives qui correspondent aux réponses.

a. Noé a déjà 8 ans.

b. Mon frère arrive demain.

c. Je cherche mon short gris.

2. Écrivez chaque question avec sa réponse.

11 ☆ Imagine les conseils que cette fille donne à sa petite sœur au départ de la course. Écris-les sous la forme de deux phrases impératives.

12 ☆ ORAL Transforme les phrases déclaratives en phrases impératives.

Exemple : Vous mettrez une lampe de poche dans votre sac. → Mettez une lampe de poche dans votre sac.

a. Vous prendrez une gourde remplie d'eau.

b. Vous n'oublierez pas la carte de randonnée.

c. Tu ne sortiras pas du sentier balisé.

13 **DICTÉE PRÉPARÉE**
Mémorise l'orthographe des mots en gras.

Par la fenêtre, j'observe un petit oiseau. Pourquoi **sort-il** de son nid ? Il s'avance **doucement** sur la branche. Sa maman arrive et lui donne la **béquée**.

LEÇON 28

LES TYPES ET LES FORMES DE PHRASES

La forme affirmative et la forme négative

DÉCOUVERTE p. 147

JE RETIENS

- **Une phrase a une forme affirmative ou négative.**
  Forme affirmative : Mère-Grand voit le loup.
  Forme négative : Mère-Grand **ne** voit **pas** le loup.
- **Dans la phrase de forme négative, deux mots de négation encadrent le verbe :** ***ne... pas, ne... rien, ne... plus, ne... jamais.***
  Le match **ne** commence **pas** maintenant. Elle **ne** joue **plus** dans cette équipe.
- **Devant les verbes commençant par une voyelle, la négation est *n'... pas*.**
  On **n'** ouvre **pas**.

JE M'ENTRAINE

J'identifie la forme négative

1 **Recopie les phrases et entoure les mots de négation.**

a. Les feuilles ne bougent pas.

b. Le vent ne souffle pas.

2 **1. Recopie les phrases et entoure les mots de négation.**

a. Ramy ne chante jamais avec nous.

b. Vous ne rangez plus vos affaires.

c. Le spectacle de magie n'est pas prêt.

☆ **2. Transforme les phrases b et c à la forme affirmative.**
Exemple : Ramy ne chante jamais avec nous. → Ramy chante avec nous.

3 **Indique si la phrase est affirmative ou négative.**

a. Je n'aperçois pas la rivière.

b. Les bateaux sont rares aujourd'hui.

c. Ce pêcheur ne sait pas où s'installer.

d. Je préfère dormir à l'ombre.

Je transforme des phrases

4 ☆ **1. Transforme les phrases à la forme négative.**

a. Denise danse avec Jean.

b. Les enfants aiment cette chanson.

c. Les mélodies de ce film sont tristes.

2. Encadre le verbe. Entoure les mots de négation.

5 ☆ **Transforme les phrases à la forme affirmative.**

a. Malo ne confond pas le pingouin et le manchot.

b. Le petit pingouin n'a pas peur de l'eau.

c. Cette année, les pingouins ne sont pas revenus.

6 **Ajoute les mots de négation :** ***ne ... pas ; ne... plus ; ne ... rien.***

a. Ce comédien ... joue ... ce soir.

b. Jade ... regarde ... la télévision.

c. Vous ... faites ... .

LEÇON 29

LES TYPES ET LES FORMES DE PHRASES

La forme exclamative

DÉCOUVERTE p. 147

JE RETIENS

- **Une phrase de forme exclamative se termine par un point d'exclamation.**
  Quelle chance !
- **Elle exprime ce que ressent celui qui parle : joie, étonnement…**
  Je n'arrive pas à y croire !
- **La forme exclamative peut aussi renforcer un ordre ou une interdiction dans une phrase impérative.**
  Arrêtez-vous juste avant le virage ! Ne mentez pas !

JE M'ENTRAINE

J'identifie la forme exclamative

1 1. ORAL Relève les phrases de forme exclamative.

a. Connais-tu le titre de cette chanson ?

b. Nous avons hâte de te voir !

c. Pour la deuxième fois, assieds-toi !

2.☆ Laquelle est déclarative, laquelle est impérative ?

2 Recopie les phrases de forme exclamative. Entoure les signes de ponctuation.

a. Ne reste pas dans le passage !

b. Vous ressemblez beaucoup à votre père.

c. Comme vous avez grandi !

3 Associe chaque phrase exclamative au sentiment qu'elle exprime.

fierté | désir | étonnement

a. Je voudrais tellement ce petit chiot !

b. Ce château est énorme !

c. Nous sommes vraiment les meilleurs !

4 Dis si la forme exclamative exprime un sentiment ou renforce un ordre.

a. Écris ton nom sur cette feuille !

b. Son exploit est exceptionnel !

c. Apporte ton livre la prochaine fois !

J'écris des phrases de forme exclamative

5 Remets les mots dans l'ordre pour former des phrases exclamatives. Ajoute la ponctuation.

a. chat / Comme / mignon / est / ton

b. délicieuse / soupe/ Votre / est

c. parle / Ne / trop / pas / fort

6 Ajoute un point d'exclamation ou un point selon le sens de la phrase.

a. Les végétaux verts ont besoin d'eau pour vivre ☐

b. Comme cet arbre est vieux ☐

c. N'arrache surtout pas la branche ☐

d. Les végétaux perdent de l'eau par leurs feuilles ☐

LES ACCORDS DANS LE GROUPE NOMINAL

EN COLLECTIF

DÉCOUVERTE 30 L'accord en nombre : singulier ou pluriel

LEÇON et EXERCICES p. 154-155

ÉTAPE 1

le ballon – les ballons – les raquettes – la raquette – un vélo – des vélos – mon manteau – mes manteaux – ses amis – son ami

a. **Classe** les groupes nominaux en deux catégories. Comment as-tu fait pour les classer ?

b. **Entoure** les marques de pluriel des noms. Que remarques-tu pour *manteaux* ?

ÉTAPE 2

le – son – des – une – ma – la – ton – mes

Propose un nom pour chaque déterminant.
Ajoute la marque **-s** ou **-x** aux noms au pluriel et **entoure**-la.

ÉTAPE 3

J'ai acheté des chaussures noires et des gants bleus.

Relève les GN. **Entoure** les déterminants et les marques du pluriel.
En plus des noms, quels autres mots prennent la marque du pluriel ?

DÉCOUVERTE 31 L'accord en genre : masculin ou féminin

LEÇON et EXERCICES p. 156

ÉTAPE 1

un carton – une feuille – la maison – le chou

a. **Relève** les noms féminins. Comment sais-tu qu'ils sont féminins ?

b. **Trouve** d'autres noms masculins ou féminins.

c. **Classe** les GN que tu as trouvés.

ÉTAPE 2

1. un jardin vert – une prairie verte 2. un banc cassé – une chaise cassée

Nomme la classe grammaticale de chaque mot.
Pourquoi l'adjectif qualificatif change-t-il de forme ?

DÉCOUVERTE 32

L'accord en genre et en nombre

LEÇON et EXERCICES p. 157

des libellules bleues – des aliments salés – ses brioches dorées

a. **Recopie** les GN. **Encadre** les déterminants.

b. Sous chaque nom, **écris** son genre et son nombre.

c. **Entoure** en vert les marques de féminin des adjectifs.

d. **Entoure** en rouge les marques de pluriel des noms et des adjectifs.

DÉCOUVERTE 33

Les marques de pluriel qui s'entendent

LEÇON et EXERCICES p. 158

un animal – amical – un travail – amicaux – des animaux – des travaux

a. **Regroupe** les mots qui vont ensemble. **Entoure** les marques de pluriel. Que remarques-tu ?

b. **Cite** les différentes marques du pluriel que tu connais.

DÉCOUVERTE 34

Les marques de féminin qui s'entendent

LEÇON et EXERCICES p. 159

ÉTAPE 1

spectateur – nageur – spectatrice – boulangère – nageuse – boulanger

a. Comment sait-on si les noms de la liste concernent un homme ou une femme ?

b. **Recopie** la liste en ajoutant les déterminants.
Entoure les terminaisons des noms féminins.

ÉTAPE 2

curieux – inventif – étonnant – anglais – suédois – aérien

Écris les adjectifs au féminin. Pour t'aider, ajoute un nom féminin devant l'adjectif (par exemple : *une femme*...).

LEÇON 30 L'accord en nombre : singulier ou pluriel

DÉCOUVERTE p. 152

JE RETIENS

- **Le déterminant indique si le nom est au singulier ou au pluriel.**
  une table rectangulaire → **singulier** **des** tables rectangulaires → **pluriel**

Déterminants singuliers	Déterminants pluriels
un – une	des
le – la	les
ce – cet – cette	ces
ma – ta – sa / mon – ton – son / notre – votre – leur	mes – tes – ses / nos – vos – leurs

- **Quand le groupe nominal est au pluriel, on ajoute la marque -s à la fin du nom et de l'adjectif.**
  des tortue**s** marine**s** – **des** phoque**s** endormis
- **Les mots en *eu*, *au*, *eau* prennent la marque -x au pluriel.**
  des beau**x** cheveu**x**

JE M'ENTRAINE

J'identifie le singulier et le pluriel des GN

1 1. ORAL Relève les déterminants qui indiquent le singulier.

ta – un – tes – cette – les – mon

2. Pour chacun, ajoute un nom.

2 1. ORAL Relève les déterminants qui indiquent le pluriel.

cet – des – ces – la – ma – les

2. Pour chacun, ajoute un nom.

3 1. Classe les déterminants selon qu'ils indiquent le singulier ou le pluriel.

ton – une – mes – la – des – ces – ce – tes – des

2. Pour chacun, ajoute un nom.

4 Classe les groupes nominaux selon qu'ils sont au singulier ou au pluriel.

a. la pluie – des fleurs – une flaque – les oiseaux

b. mes valises – une moule – ta tente – ce bateau

5 1. Recopie les groupes nominaux en gras et entoure le déterminant.

a. **Le jour** se lève.

b. **Les étoiles** sont visibles.

c. **La lune** brille.

2. ORAL Indique si le GN est au singulier ou au pluriel.

6 Relève les groupes nominaux. Entoure les déterminants.

Les petits oiseaux ont construit un nid douillet.

7 1. **Dans chaque phrase, relève le groupe nominal et entoure le déterminant.**

a. Ma trousse bleue est rangée.

b. Vos stylos noirs sont usés.

c. Ton cahier rose est neuf.

2. ORAL **Indique si le GN est au singulier ou au pluriel.**

8 **Recopie les groupes nominaux. Entoure les déterminants et les marques de pluriel.**

a. les marronniers fleuris

b. ces bons copains

c. les barrières rouges

d. nos grands toboggans

e. des bateaux téléguidés

f. leurs sacs colorés

9 1. **Recopie les groupes nominaux. Entoure les déterminants et les marques de pluriel.**

a. des sifflets – les planches – tes souliers – mes écharpes

b. ces beaux sourires – les gestes amusants – des comédiens comiques

2. **Écris les GN au singulier.**

Je manipule les GN au singulier et au pluriel

10 ☆ 1. **Écris les GN au pluriel.**

a. une sardine – le saumon – cette rascasse – mon filet

b. la baleine bleue – une raie tranquille – ce requin affamé – la truite argentée

2. **Entoure les déterminants et les marques de pluriel.**

11 ☆ **Transpose les GN au singulier ou au pluriel.**

un hélicoptère – des avions – des passerelles – une hélice

12 **Choisis l'adjectif qui convient.**

a. Les voiles (blanche/blanches) sont salies.

b. Les poissons (brillants/brillant) frétillent.

c. Tu manges des huitres (chaudes/chaude).

13 ☆ 1. **Choisis le GN qui convient au déterminant.**

a. cette

murènes cachées	murène cachées
murène cachée	murènes cachée

b. des

énorme thon	énormes thon
énormes thons	énorme thons

2. **Entoure les déterminants et les marques de pluriel.**

14 **Écris un GN pour chaque image.**

15 **DICTÉE PRÉPARÉE**
Relève les groupes nominaux. Entoure les marques de pluriel.

Les phoques s'appellent aussi des veaux marins. Ils perçoivent les changements de l'eau et mangent des petits poissons. Grâce à leurs moustaches, les phoques distinguent les proies qui s'approchent.

LEÇON 31 L'accord en genre : masculin ou féminin

DÉCOUVERTE p. 153

JE RETIENS

- **Un nom est féminin si on peut mettre le déterminant *une* devant lui.**
  une chaise → **nom féminin** des tables → **une** table → **nom féminin**
- **Un nom est masculin si on peut mettre le déterminant *un* devant lui.**
  un banc → **nom masculin** des lits → **un** lit → **nom masculin**
- **Dans le GN, l'adjectif qualificatif s'accorde en genre avec le nom.**
  un escargot gluant – **une** limace gluant**e**

JE M'ENTRAINE

J'identifie les noms et les GN masculins ou féminins

1 Classe les déterminants selon leur genre.

ta – un – cette – le – une – ce – la – mon

Déterminants masculins	Déterminants féminins

2 Classe les noms selon leur genre.

orange – cabane – monument – drapeau – arbre – oncle – valise – moustique

Noms masculins	Noms féminins

3 Indique si les groupes nominaux en gras sont masculins ou féminins.

a. **Ma sœur** est en retard.

b. **Ce gâteau** est très bon.

c. **Les chaussures** sont neuves.

4 ☆ Relève les GN et indique s'ils sont masculins ou féminins. Explique comment tu as trouvé

a. Les chats gris miaulent.

b. Ta veste rouge est jolie.

c. Les petites graines germent.

Je manipule les noms et les GN masculins ou féminins

5 1. Choisis l'adjectif qualificatif qui convient au genre du GN.

a. Je déjeune sur la table (ronde/rond).

b. La baleine (bleu/bleue) vit dans les océans.

c. Le jardinier arrose la plante (assoiffée/assoiffé).

2. Recopie les GN. Entoure les marques de féminin des adjectifs.

6 ☆ 1. Ajoute un adjectif qualificatif à chaque GN.

a. La grenouille ... saute dans la mare.

b. J'ai eu une plante ... pour mon anniversaire.

2. Recopie les GN. Entoure les marques de féminin des adjectifs.

7 DICTÉE PRÉPARÉE

Recopie les GN en gras. Entoure les marques de féminin des adjectifs.

Sophie a fait **une bêtise**. Elle a mis **sa jolie poupée** au soleil. Sa tête a fondu. La maman de Sophie a réparé la poupée avec de **la cire fondue**.

LEÇON 32

LES ACCORDS DANS LE GROUPE NOMINAL

L'accord en genre et en nombre

DÉCOUVERTE p. 153

ORTHOGRAPHE

JE RETIENS

- Dans le GN, le déterminant et l'adjectif s'accordent en genre (masculin / féminin) et en nombre (singulier / pluriel) avec le nom noyau.

	Singulier	Pluriel
Masculin	un camion coloré	des camions colorés
Féminin	une bille colorée	des billes colorées

JE M'ENTRAINE

J'identifie les accords en genre et en nombre

1 À DEUX Dans le tableau photocopié, classez les GN selon leur genre.

a. un vélo bleu – des petites trousses – le sapin enneigé – une fraise sucrée

b. le pull propre – les cheveux blonds – des bagues dorées – une perle brillante

Masculin	Féminin

2 À DEUX Dans le tableau photocopié, classez les GN selon leur nombre.

a. la table basse – des petites buches – des flocons blancs – un sac vert

b. une boule rouge – un grand feu – des moments magiques – des plats chauds

Singulier	Pluriel

3 ☆ À DEUX Dans le tableau photocopié, classez les GN des exercices 1 et 2 selon leur genre et leur nombre.

	Singulier	Pluriel
Masculin		
Féminin		

J'accorde en genre et en nombre

4 Associe l'adjectif avec le GN qui convient.

GN	Adjectifs
une veste	bleu
des pantalons	bleus
des chaussures	bleue
un manteau	bleues

5 Complète les groupes nominaux avec l'adjectif qui convient.

rapide rapides

a. les motos

b. des avions

c. un coureur

d. la voie

6 DICTÉE PRÉPARÉE

1. Relève les GN.
2. Entoure en vert les marques de féminin des adjectifs.
3. Entoure en rouge les marques de pluriel des noms et des adjectifs.

Mamie me prépare souvent des madeleines. Elle a toujours des idées originales. Ensemble nous faisons des activités amusantes. Elle me montre des photographies.

LEÇON 33

Les marques de pluriel qui s'entendent

DÉCOUVERTE p. 153

JE RETIENS

- Le pluriel des noms et des adjectifs en *-al* est *-aux*.
  un journal → des journaux
  un reportage original → des reportages originaux
- Le pluriel de quelques noms en *-ail* est *-aux*.
  un travail → des travaux
  un corail → des coraux
  un émail → des émaux
  un vitrail → des vitraux

JE M'ENTRAINE

J'identifie les pluriels particuliers

1 1. Associe le singulier et le pluriel des noms.

Singulier	Pluriel
un journal	des vitraux
un vitrail	des journaux
un bocal	des animaux
un animal	des bocaux

2. Entoure les marques de pluriel.

2 Associe le singulier et le pluriel des adjectifs.

Singulier	Pluriel
amical	généraux
général	égaux
égal	normaux
normal	amicaux

3 Classe les noms et les adjectifs dans le tableau photocopié.

Noms : cristaux – travail – chevaux – local
Adjectifs : brutaux – général – régional

Singulier	Pluriel

4 1. ORAL Dis si les groupes nominaux sont au singulier ou au pluriel.

a. **Le travail** demande un effort.
b. **Les vitraux bleus** sont magnifiques !
c. Le vol est interdit par **les règlements nationaux**.

2. Recopie les GN au pluriel. Entoure les marques de pluriel.

J'utilise les pluriels particuliers

5 Écris les GN au singulier.

a. des végétaux fanés
b. des chevaux rapides
c. des pantalons originaux
d. des canaux encombrés

6 ☆ Écris les groupes nominaux en gras au pluriel.

a. Ce passant nous fait **un signe amical**.
b. Jacques connait bien **ce centre médical**.
c. J'aimerais terminer **ce lourd travail** !
d. **Ce paysage rural** invite à la promenade.

LEÇON 34

Les marques de féminin qui s'entendent

DÉCOUVERTE p. 153

JE RETIENS

- Pour les personnes et les animaux, la terminaison des noms est souvent différente au masculin et au féminin.

un chanteur – une chanteuse — un chien – une chienne
un maitre – une maitresse — un facteur – une factrice

- La terminaison de certains adjectifs change au masculin et au féminin.

créatif – créative — sérieux – sérieuse — quotidien – quotidienne

JE M'ENTRAINE

J'identifie les féminins qui s'entendent

1 1. ORAL Pour chaque nom, dis s'il est féminin ou masculin.

Liste A paysanne – musicienne – vendeuse – éditrice – couturier

Liste B musicien – vendeur – couturière – éditeur – paysan

2. Associe les noms féminins et les noms masculins qui vont ensemble. Ajoute les déterminants.

2 Complète le tableau photocopié.

	Noms masculins	Noms féminins
-eur / -euse	coiffeur	
-teur / -trice		inspectrice
-er / -ère	boulanger	
-ier / -ière		pâtissière

3 Complète le tableau photocopié.

	Adjectifs masculins	Adjectifs féminins
-eux / -euse	généreux	
-if / -ive	créatif	
-ais / -aise		japonaise
-ain / -aine	américain	

J'utilise les marques de féminin qui s'entendent

4 Accorde les adjectifs au féminin.

a. une pierre (précieux)
b. une voiture (étonnant)
c. une personne (actif)
d. une gardienne (attentif)
e. une attitude (majestueux)
f. une amie (patient)

5 ☆ À DEUX Remplacez le nom en gras par le nom entre parenthèses.

a. un **chien** (une chienne) joyeux
b. un **pâté** (une tarte) alsacien
c. un **garçon** (une fille) agressif
d. un **ciel** (une atmosphère) orageux
e. un **auteur** (une romancière) anglais

6 DICTÉE PRÉPARÉE

Relève les GN. Entoure les terminaisons des noms et des adjectifs.

Ma nouvelle voisine est pharmacienne. C'est aussi une lectrice passionnée et une amie attentive. Sa présence chaleureuse est un plaisir pour tous.

EN COLLECTIF

DÉCOUVERTE 35 L'infinitif du verbe

LEÇON et EXERCICES p. 162

ÉTAPE 1

arriver | finir | pouvoir | classer | voir | grandir

descendre | connaitre | savoir | sauter | marcher

À l'aide des étiquettes, **classe** les verbes selon la terminaison de **leur infinitif**.

ÉTAPE 2

L'inspecteur commence à observer les indices.

a. **Relève** les deux verbes.

b. Lequel est **conjugué** ? Lequel est à **l'infinitif** ?

DÉCOUVERTE 36 Le radical et les terminaisons

LEÇON et EXERCICES p. 163

ÉTAPE 1

1. Les oiseaux volent. Nous volons au-dessus de la mer.
2. Le vent souffle fort. Vous soufflez sur les braises.

a. Dans la série 1, **recopie** les deux verbes conjugués.
Encadre la partie identique : c'est **le radical**.

b. Dans la série 2, **relève** les verbes et **donne** le radical.

ÉTAPE 2

Les cygnes vont en Afrique. Nous allons en Afrique.

Relève les deux verbes. **Donne** leur infinitif.
S'agit-il du même verbe ou de deux verbes différents ?

ÉTAPE 3

L'araignée tisse une belle toile. Vous tissez une couverture.

a. **Relève** les deux verbes. Quel est leur infinitif ?

b. **Entoure** les lettres qui changent. Ce sont les **terminaisons**.

DÉCOUVERTE 37

La relation sujet-verbe

LEÇON et EXERCICES p. 164-165

ÉTAPE 1

1. Les chats adorent les croquettes.
2. Les arbres adorent les croquettes.

L'une de ces phrases est acceptable, l'autre pas. **Explique** pourquoi.

ÉTAPE 2

La boulangère dispose les pains sur les rayons.
Les boulangères disposent les pains sur les rayons.

a. **Compare** l'orthographe des mots dans chaque phrase.
Explique la terminaison des verbes.

b. **Recopie** les phrases. **Souligne** les sujets et **encadre** les verbes.

ÉTAPE 3

Je marche rapidement.
Tu marches rapidement.
Ils marchent rapidement.

a. **Explique** le changement de terminaison du verbe.

b. **Transforme** la phrase en remplaçant le sujet par *elle, nous, vous.*

Elle ... rapidement.
Nous ... rapidement.
Vous ... rapidement.

c. Pour chaque phrase, **dis** la personne et le nombre du sujet.
Par exemple : Je marche rapidement. → 1re personne du singulier.

LEÇON 35

LE VERBE

L'infinitif du verbe

DÉCOUVERTE p. 160

JE RETIENS

- **Pour trouver l'infinitif d'un verbe conjugué, utilise la formule Il faut.**
  Les chats **rentreront** au petit matin. → **Il faut** rentrer.
  rentrer est l'infinitif du verbe *rentreront*
- **L'infinitif permet de classer les verbes par groupes :**
  – les verbes qui se terminent en ***-er*** appartiennent au **1er groupe** (sauf *aller*) ;
  – certains verbes qui se terminent par ***-ir*** appartiennent au **2e groupe** ;
  – des verbes comme *faire, aller, dire, venir, pouvoir, voir, vouloir, prendre* appartiennent au **3e groupe**.

JE M'ENTRAINE

1 ORAL **Relève les verbes conjugués. Donne leur infinitif (utilise « Il faut »).**

a. Anouk adore les jeux de société.

b. Son grand frère préfère les cartes.

c. Sa mamie joue aux dames.

2 **Relève les verbes conjugués. Écris leur infinitif.**

a. Guillaume déteste le travail.

b. Il découvre la magie avec son maitre.

c. Un jour, il attrape son balai.

d. Mais le balai refuse de lui obéir.

3 ☆ **Associe le verbe conjugué à son infinitif.**

Verbes conjugués	Infinitifs
elle dit	prendre
vous prenez	dire
il peut	venir
je viens	pouvoir
il fait	aller
je vais	vouloir
tu vois	faire
elle veut	voir

4 ☆ **1. Donne l'infinitif des verbes conjugués.**

a. filmons – cachera – rangions – signez

b. rampez – bondiras – pouvons – marquerez

2. Entoure la terminaison des verbes à l'infinitif.

5 ☆ **1. Donne l'infinitif des verbes conjugués.**

a. cassais – sortira – mélangeons – boirez

b. construisons – réfléchissons – rendent – perdra

2. Entoure la terminaison des verbes à l'infinitif.

6 DICTÉE PRÉPARÉE
Relève tous les verbes. Pour chaque verbe, indique s'il est conjugué ou s'il est à l'infinitif.

Les brigands marchent dans la tempête. Ils espèrent regagner leur caverne au plus vite. Mais la tempête oblige les voleurs à se réfugier derrière un rocher.

LEÇON 36

LE VERBE

Le radical et les terminaisons

DÉCOUVERTE p. 160

JE RETIENS

je chante
Radical (chant) Terminaison (e)

- **Le radical porte le sens du verbe.**
  Dans *je chante*, c'est ***chant-*** qui donne le sens du verbe.
- **La plupart des verbes en *-er* ont le même radical à tous les temps et à toutes les personnes.**
  je **dans**e – tu **dans**es – il **dans**ait – tu **dans**eras – nous **dans**ions…
- **Les éléments qui s'ajoutent au radical s'appellent les terminaisons.**
  Les terminaisons donnent une indication sur le temps et sur la personne du verbe.
  je parl**e** → présent, 1re personne du singulier

JE M'ENTRAINE

1 ORAL Donne le radical de chaque verbe.

a. je colle – elles chantent – nous glissons

b. tu devines – il décore – vous habitez

2 Écris le radical de chaque verbe.

a. je passe – je devine – j'écoute – je presse

b. nous guidons – nous sifflons – nous ramassons

3 ☆ Associe les formes verbales qui vont ensemble. Explique ce qui t'a permis de les reconnaitre.

a. **pouvoir ou vouloir ?** je peux – je veux – nous voulons – nous pouvons

b. **dire ou faire ?** tu dis – nous faisons – nous disons – il fait

c. **venir ou voir ?** tu vois – vous venez – vous voyez – nous venons

d. **faire ou aller ?** ils vont – je fais – ils font – je vais

4 1. Recopie les phrases. Souligne les sujets et encadre les verbes.

a. Les moineaux picorent les petites miettes de pain.

b. Un moineau se perche sur le rebord de mon balcon.

2. Entoure la terminaison des verbes.

5 Entoure les terminaisons des verbes.

a. tu gagnes – il galope – elles écoutent

b. nous arrivons – je pleure – vous taillez

c. je marche – elle avance – tu passes

6 DICTÉE PRÉPARÉE

Recopie les phrases. Souligne les sujets et encadre les verbes. Entoure la terminaison des verbes.

Emma apporte souvent des fleurs de son jardin.
Louis réalise de grands bouquets.
Tu admires son talent.

LEÇON 37

LE VERBE

La relation sujet-verbe

DÉCOUVERTE p. 161

JE RETIENS

- **Le verbe a une relation de sens avec son sujet.**

Le voyageur [allume] un feu.
sujet (on parle du voyageur) — verbe (on dit ce qu'il fait)

- **Le verbe s'accorde en personne et en nombre avec le pronom sujet.**

▪ **Les trois personnes du singulier**

1re personne du singulier	je / j'	**J'allume** un feu.
2e personne du singulier	tu	**Tu allumes** un feu.
3e personne du singulier	il – elle – on	**Elle allume** un feu.

▪ **Les trois personnes du pluriel**

1re personne du pluriel	nous	**Nous allumons** un feu.
2e personne du pluriel	vous	**Vous allumez** un feu.
3e personne du pluriel	ils – elles	**Ils allument** un feu.

- **Quand le sujet est un GN, le verbe s'accorde à la 3e personne du singulier ou du pluriel.**

Le voyageur [allume] un feu. → 3e personne du singulier
Les voyageurs [allument] un feu. → 3e personne du pluriel

JE M'ENTRAINE

Je repère la relation de sens entre le sujet et le verbe

1 ORAL Associe les sujets et les verbes selon le sens.

Sujets	Verbes
Le chien	déborde.
L'avion	aboie.
Le poisson	fleurit.
La glace	nage.
Le lait	vole.
La lampe	fond.
La plante	s'allume.

2 Associe les sujets et les verbes selon le sens.

Sujets	Verbes
Le client	pilote son bateau.
La factrice	achète du pain.
Le marin	distribue le courrier.

3 Associe les sujets et les verbes selon le sens.

Sujets	Verbes
L'eau du puits	sent mauvais.
Le tas de fumier	reste fermée.
La grange du fond	est claire.

4 ☆ Trouve un GN sujet qui convienne au sens du verbe.

a. ... rentre ses moutons.
b. ... guette une souris.
c. ...sort du bois.
d. ... reste au nid.

5 **DICTÉE PRÉPARÉE**
Recopie les phrases. Souligne les sujets et encadre les verbes.

Monsieur Frigot porte des chaussettes chaudes. Ses chaussettes sont rouges.

J'identifie l'accord entre le sujet et le verbe

6 1. ORAL Dis si le verbe est à la 3e personne du singulier ou du pluriel. Explique pourquoi.

a. Le chat miaule.
Les chats miaulent.

b. Les fourmis travaillent.
La fourmi travaille.

2. Recopie les phrases. Souligne les sujets et encadre les verbes.

3. Entoure la terminaison des verbes.

7 1. Recopie les deux phrases qui correspondent à l'image. Souligne les sujets et encadre les verbes.

a. Des sorcières ricanent.
b. Une sorcière ricane.
c. Une fée arrive.
d. Des fées arrivent.

2. Entoure la terminaison des verbes. Indique la personne et le nombre.

8 **AUTODICTÉE**
Recopie les groupes Sujet + Verbe. Entoure la terminaison des verbes. Apprends le texte et écris-le de mémoire.

Depuis toujours, les lutins habitent dans la forêt. Les joyeux farfadets s'habillent en vert.

Je transforme des phrases selon la personne

9 ORAL Transforme les sujets des verbes selon l'indication entre parenthèses. Modifie la forme des verbes.

a. Je déteste les moustiques. (Vous)
b. Nous installons une moustiquaire. (Tu)
c. Un moustique entre dans la pièce. (Nous)

10 Recopie les phrases de l'exercice 9. Souligne les sujets et encadre les verbes.

11 ORAL Transforme les sujets des verbes selon l'indication entre parenthèses. Modifie la forme des verbes.

a. Tu écoutes le chant de l'oiseau. (Nous)
b. Je regarde ses plumes soyeuses. (Vous)
c. L'oiseau reste immobile. (Nous)

12 Recopie les phrases de l'exercice 11. Souligne les sujets et encadre les verbes.

13 **DICTÉE PRÉPARÉE**
Recopie les phrases.
Souligne les sujets et encadre les verbes.
Entoure la terminaison des verbes.

Nous racontons des histoires mystérieuses. Elles parlent d'ours et d'oiseaux géants.

EN COLLECTIF

DÉCOUVERTE 38

Le présent des verbes du 1er groupe

LEÇON et EXERCICES p. 168

ÉTAPE 1

sortir – déménager – allumer – prendre – éclairer – venir – coiffer

a. **Relève** tous les verbes qui se terminent par ***-er*** : ce sont les verbes du **1er groupe**.

b. **Trouve** d'autres verbes qui se terminent par ***-er***. **Ajoute**-les à ta liste.

ÉTAPE 2

1. Tu sautes à la corde.
2. Elle rêve de soleil.
3. Je restais assis sans bouger.
4. Vous aiderez votre grand-père.

Relève les deux phrases auxquelles on peut ajouter *En ce moment*.
Ce sont les phrases **au présent**.

ÉTAPE 3

tu écoutes | nous cuisinons | elles mélangent
je devine | il interroge | vous terminez

a. À l'aide des étiquettes, **range** les formes verbales dans l'ordre des personnes : *je, tu, il/elle, nous, vous, ils/elles*. **Entoure** les terminaisons.

b. **Écris** la conjugaison complète du verbe ***parler*** au présent.

DÉCOUVERTE 39

Le présent des verbes *être et avoir*

LEÇON et EXERCICES p. 169

ÉTAPE 1

j'ai | tu es | il a | elle est | tu as | je suis
nous sommes | ils sont | vous êtes | vous avez | nous avons | elles ont

Pour chaque forme verbale, **dis** s'il s'agit du verbe *être* ou du verbe *avoir* au présent.
Pour t'aider, utilise un complément : *avoir une idée / être content(e)*.

ÉTAPE 2

À l'aide des étiquettes, **range** les formes verbales de chaque verbe dans l'ordre des personnes : *je, tu, il/elle, nous, vous, ils/elles*.

DÉCOUVERTE 40

Le présent des verbes *faire, aller, dire, venir*

LEÇON et EXERCICES p. 170

ÉTAPE 1

elle fait | je fais | vous faites | nous faisons | tu fais | ils font
tu vas | elles vont | il va | vous allez | nous allons | je vais
nous disons | ils disent | tu dis | je dis | vous dites | elle dit
tu viens | il vient | nous venons | elles viennent | je viens | vous venez

Classe les formes verbales : **colle** les étiquettes dans le tableau photocopié.

	FAIRE	ALLER	DIRE	VENIR
1re personne du singulier (je)				
2e personne du singulier (tu)				

ÉTAPE 2

a. **Entoure** les terminaisons.

b. **Surligne** les formes verbales qui te paraissent étonnantes.

DÉCOUVERTE 41

Le présent des verbes *pouvoir, voir, vouloir, prendre*

LEÇON et EXERCICES p. 171

ÉTAPE 1

vous pouvez | tu peux | nous pouvons | je peux | elles peuvent | il peut
je vois | vous voyez | ils voient | elle voit | tu vois | nous voyons
elles veulent | il veut | je veux | nous voulons | vous voulez | tu veux
elle prend | nous prenons | tu prends | je prends | vous prenez | ils prennent

Classe les formes verbales : **colle** les étiquettes dans le tableau photocopié.

	POUVOIR	VOIR	VOULOIR	PRENDRE
1re personne du singulier (je)				
2e personne du singulier (tu)				

ÉTAPE 2

a. **Entoure** les terminaisons.

b. **Surligne** les formes verbales qui te paraissent étonnantes.

LEÇON 38

LE PRÉSENT

Les verbes du 1er groupe

DÉCOUVERTE p. 166

JE RETIENS

- Les verbes du 1er groupe (en *-er*) ont tous les mêmes terminaisons au présent : -e, -es, -e, -ons, -ez, -ent.

→ VOIR LE TABLEAU DE CONJUGAISON 1 p. 193.

JE M'ENTRAINE

1 1. Relève les verbes du 1er groupe.

a. entasser – croire – arroser – rire

b. lire – déboucher – boire – laisser

2. Encadre le radical des verbes en *-er*.

2 1. Classe les formes verbales : colle les étiquettes dans le tableau photocopié (deux étiquettes dans chaque ligne).

ils coupent – tu travailles – nous passons – je change – elle parle – vous cachez – tu respires – il penche – nous roulons – elles dirigent – vous ramenez – je trouve

1re personne du singulier (je)	
2e personne du singulier (tu)	
3e personne du singulier (il/elle)	
1re personne du pluriel (nous)	
2e personne du pluriel (vous)	
3e personne du pluriel (ils/elles)	

2. Entoure les terminaisons.

3 1. Écris la conjugaison du verbe *brosser* au présent.

2. Entoure les terminaisons.

4 Complète les verbes au présent.

a. il exist... – vous encourag... – nous cré...

b. elles fabriqu... – je barr... – tu détach...

c. nous assist... – tu prépar... – vous cass...

d. elle gagn... – je soulign... – ils cri...

5 ORAL 1. Lis les quatre phrases à voix haute. Quels mots sont identiques à l'oral ?

a. La jeune fille respire profondément.

b. Tu respires la santé et la joie.

c. Les enfants respirent son parfum.

d. En vacances, je respire le grand air.

2. Pour chaque verbe, donne le temps et la personne.

3. Recopie les groupes Sujet + Verbe. Encadre les terminaisons des verbes.

6 1. Écris l'infinitif des verbes en gras.

a. La reine Isabel **rédige** une lettre.

b. Soudain, ses enfants **entrent** dans la pièce.

c. Le plus jeune **tourne** autour d'elle.

d. Ses frères **embrassent** leur mère.

2. Dans le tableau photocopié, classe les verbes du texte ci-dessus selon leur personne.

Il/Elle	Ils/Elles

7 JE M'ENTRAINE DANS UN TEXTE

Complète les verbes au présent.

Ce train circul... rarement le dimanche. La semaine, les trains s'arrêt... plusieurs fois. Les tableaux lumineux annonc... les horaires. L'horloge affich... 10 heures.

LEÇON 39

LE PRÉSENT

Les verbes *être* et *avoir*

DÉCOUVERTE p. 166

JE RETIENS

- On utilise très souvent les verbes ***être*** et ***avoir***. Entraine-toi à les **mémoriser**.
  → VOIR LES TABLEAUX DE CONJUGAISON 3 et 4 p. 193.
- **Certaines formes se prononcent de la même façon : as, a / ai, es, est.**
  Quand tu les écris, demande-toi quel est le verbe et quelle est la personne.

JE M'ENTRAINE

1 **Classe les formes verbales : colle les étiquettes dans le tableau photocopié.**

ils sont – tu as – nous avons – je suis – elle est – vous avez – tu es – il a – nous sommes – elles ont – vous êtes – j'ai

	ÊTRE	AVOIR
1re personne du singulier (je)		
2e personne du singulier (tu)		

2 **Ajoute le pronom sujet qui convient** (par exemple : *suis* → *je suis*).

a. ÊTRE : sommes – es – suis – êtes – sont – est

b. AVOIR : a – avons – ont – as – avez – ai

3 **Recopie uniquement les formes du verbe *être* au présent.**

vous êtes – je sais – il est – ils sont – elles vont – je suis – nous sommes

4 **Recopie uniquement les formes du verbe *avoir* au présent.**

nous avons – ils sont – vous avez – j'ai – tu vas – elle a – nous allons

5 ORAL **Complète les phrases avec les verbes *être* ou *avoir* au présent.**

a. Les marchands (être) très nombreux.

b. La fermière (avoir) de beaux fromages.

c. Vous (être) contents de vos achats.

d. Nous (être) impatients de déjeuner.

6 ☆ **Complète les phrases avec les verbes *être* ou *avoir* au présent.**

a. Le diplodocus ... un grand dinosaure.

b. Le stégosaure ... des plaques sur le dos.

c. Les dinosaures ... beaucoup de succès auprès des enfants.

d. Les oiseaux ... les descendants des dinosaures.

7 AUTODICTÉE

Apprends les deux phrases par cœur. Écris-les de mémoire.

Tu es dans la même classe que ton ami. Vous êtes heureux de vous retrouver chaque matin.

8 **Décris le singe en utilisant deux fois le verbe *être* et deux fois le verbe *avoir* au présent.**

LEÇON 40

LE PRÉSENT

Les verbes *faire*, *aller*, *dire*, *venir*

DÉCOUVERTE p. 167

JE RETIENS

- **Les verbes *faire*, *aller*, *dire*, *venir* font partie du 3e groupe.** Ils sont irréguliers : le radical change plusieurs fois.
- **Mémorise leur conjugaison au présent** pour les écrire correctement.

→ VOIR LES TABLEAUX DE CONJUGAISON 5, 6, 7 et 8 p. 194.

JE M'ENTRAINE

1 ORAL **Donne la forme du verbe au présent.**

a. je (faire) – tu (aller) – elle (dire)

b. nous (venir) – vous (aller) – ils (venir)

c. je (venir) – tu (faire) – il (aller)

d. nous (dire) – vous (venir) – elles (faire)

2 ORAL **Ajoute le pronom sujet qui convient** (par exemple : *fait* → *il fait*).

a. faisons – vais – allez

b. dites – viennent – va

c. dit – vont – font

3 **Ajoute le pronom sujet qui convient** (par exemple : *dit* → *il dit*).

a. disons – faites – viens (2 possibilités)

b. vas – allons – vient

c. fait – disent – fais (2 possibilités)

4 DICTÉE À DEUX

Dictez-vous les formes l'un(e) à l'autre jusqu'à ce que vous connaissiez parfaitement leur orthographe.

a. je fai**s** – tu fai**s** – elle fai**t**

b. tu va**s** – il va

c. je di**s** – tu di**s** – il di**t**

d. je vien**s** – tu vien**s** – il vien**t**

e. vous di**tes** – vous fai**tes**

5 **Écris au présent les verbes entre parenthèses.**

a. Charlotte (aller) à la fête. Sa mère (faire) un masque avec du carton.

b. Les enfants (venir) ensemble. Vous (dire) à Samuel d'être sage.

c. Nous (aller) bientôt danser. Les invités (faire) une ronde.

6 AUTODICTÉE

Apprends les deux phrases par cœur. Écris-les de mémoire.

Quand tu vas à l'école, il fait encore nuit. Ton copain Timéo vient à ta rencontre.

7 JE M'ENTRAINE DANS UN TEXTE

Écris les verbes entre parenthèses au présent.

Tu (faire) un geste pour la planète quand tu (venir) à pied plutôt qu'en voiture. Et je (dire) que tu as raison. Mon frère (aller) souvent à l'école en trottinette.

LE PRÉSENT

LEÇON 41 Les verbes *pouvoir*, *voir*, *vouloir*, *prendre*

DÉCOUVERTE p. 167

JE RETIENS

- **Les verbes *pouvoir*, *voir*, *vouloir*, *prendre* font partie du 3e groupe.** Ils sont irréguliers : le radical change plusieurs fois.
- **Mémorise leur conjugaison au présent** pour les écrire correctement.

→ VOIR LES TABLEAUX DE CONJUGAISON 9, 10, 11 et 12 p. 195.

JE M'ENTRAINE

1 ORAL **Donne la forme du verbe au présent.**

a. je (pouvoir) – tu (voir) – elle (vouloir)

b. nous (prendre) – vous (vouloir) – ils (voir)

c. je (voir) – tu (vouloir) – il (prendre)

d. nous (voir) – vous (pouvoir) – elles (prendre)

2 **Ajoute le pronom sujet qui convient** (par exemple : *peut* → *il peut*).

a. pouvons – prenez – veux (2 possibilités)

b. voit – voyons – peuvent

c. prends (2 possibilités) – voulez – peut

3 **DICTÉE À DEUX**
Dictez-vous les formes l'un(e) à l'autre jusqu'à ce que vous connaissiez parfaitement leur orthographe.

a. je peu**x** – tu peu**x** – elle peu**t**

b. je voi**s** – tu voi**s** – il voi**t**

c. je pren**ds** – tu pren**ds** – il pren**d**

d. nous pr**e**nons – elles pre**nn**ent

e. nous vo**yons** – vous vo**yez**

f. elles voi**ent** – ils v**eulent**

4 **Complète les verbes au présent.**

a. tu veu...

b. elle peu...

c. nous pren...

d. tu voi...

5 **Complète les verbes au présent.**

a. je pren...

b. je peu...

c. il voi...

d. elle veu...

6 **Écris les verbes entre parenthèses au présent.**

a. Reza (voir) un jeu. Il (vouloir) qu'on joue avec lui.

b. Les enfants (prendre) un ticket. Ils (pouvoir) monter à bord.

c. Nous (voir) un étrange manège. Tom (vouloir) y aller.

7 **AUTODICTÉE**
Apprends les deux phrases par cœur. Écris-les de mémoire.

Quand tu vois mon déguisement de pirate, tu veux le porter. Alors, je prends mon sabre en mousse et nous pouvons jouer.

8 **JE M'ENTRAINE DANS UN TEXTE**
Écris les verbes entre parenthèses au présent.

Nous (vouloir) une planète propre, et nous (pouvoir) nous mobiliser pour elle. On (voir) déjà des résultats. Chaque jour, je (prendre) le temps de trier mes déchets.

L'IMPARFAIT, LE PASSÉ COMPOSÉ ET LE FUTUR

EN COLLECTIF

DÉCOUVERTE 42 L'imparfait

LEÇON et EXERCICES p. 174-175

ÉTAPE 1

1. Robin nage à la piscine. 2. Robin était en CP.

a. **Recopie** la phrase à laquelle on peut ajouter *L'année dernière*.

b. **Encadre** le verbe à l'imparfait.

ÉTAPE 2

je jardinais	ils avaient	il était	vous disiez
tu voulais	nous pouvions	je prenais	vous alliez
tu voyais	elle venait	nous parlions	elles faisaient

a. À l'aide des étiquettes, **range** les formes verbales dans l'ordre des personnes : *je, tu, il/elle, nous, vous, ils/elles*. **Entoure** les terminaisons.

b. **Écris** la conjugaison complète du verbe ***parler*** à l'imparfait. **Mémorise**-la.

DÉCOUVERTE 43 Le passé composé

LEÇON et EXERCICES p. 176-177

ÉTAPE 1

Le loir a passé l'hiver dans le grenier.

a. **Lis** la phrase. S'agit-il d'une action présente, passée ou future ?

b. **Récris** la phrase au présent. Quel est le verbe ? **Donne** son infinitif.

c. **Recopie** la phrase et **encadre** le verbe ***a passé***. **Explique** avec tes mots comment le passé composé est formé.

ÉTAPE 2

1. La chouette a chanté vers minuit.
2. Le hérisson est rentré dans son trou.
3. Le corbeau a emporté le ver de terre.
4. La pie est revenue près de sa compagne.

a. **Lis** les phrases 1 à 4. À quel temps sont les verbes ?

b. Quels sont les deux verbes que l'on utilise pour former le passé composé ?

c. **Donne** l'infinitif des verbes de chaque phrase.

DÉCOUVERTE 44

Le futur des verbes *être* et *avoir*

LEÇON et EXERCICES p. 178

ÉTAPE 1

1. Alma est à Paris.
2. Samy aura un vélo.
3. Arthur sera capable de jouer aux échecs.
4. Flora a déjà deux dents.

a. **Recopie** les phrases auxquelles on peut ajouter *L'année prochaine*.

b. **Encadre** les verbes au futur.

ÉTAPE 2

j'aurai | tu seras | il aura | elle sera | tu auras | je serai | elles auront | nous serons | vous aurez | vous serez | nous aurons | ils seront

a. **Complète** les tableaux photocopiés à l'aide des étiquettes.

b. **Entoure** les terminaisons.

DÉCOUVERTE 45

Le futur des verbes du 1er groupe

LEÇON et EXERCICES p. 179

tu sauteras | vous danserez | ils trébucheront | elle rampera | je marcherai | nous grimperons

a. À l'aide des étiquettes, **range** les formes verbales dans l'ordre des personnes : *je, tu, il/elle, nous, vous, ils/elles.* **Entoure** les terminaisons.

b. **Écris** la conjugaison complète du verbe ***saler*** au futur.

DÉCOUVERTE 46

Le futur de *faire, aller, dire, venir, pouvoir, voir, vouloir, prendre*

LEÇON et EXERCICES p. 180-181

elle fera | vous ferez | ils iront | j'irai | nous dirons | tu diras | il viendra | vous viendrez | tu pourras | elles pourront | je verrai | vous verrez | elles voudront | il voudra | nous prendrons | tu prendras

a. **Complète** les tableaux photocopiés à l'aide des étiquettes.

b. **Entoure** les terminaisons.

LEÇON 42

L'imparfait

DÉCOUVERTE p. 172

JE RETIENS

- **À l'imparfait, tous les verbes ont les mêmes terminaisons : -ais, -ais, -ait, -ions, -iez, -aient.**

  je parl**ais**, **tu** parl**ais**, **il/elle** parl**ait**, **nous** parl**ions**, **vous** parl**iez**, **ils/elles** parl**aient**

→ VOIR LES TABLEAUX DE CONJUGAISON p. 193 à 195.

JE M'ENTRAINE

J'écris les verbes *être* et *avoir* à l'imparfait

1 1. Complète le tableau photocopié des formes des verbes *être* et *avoir* à l'imparfait.

2. Entoure les terminaisons.

	ÊTRE	AVOIR
je	j'étais	j'avais
tu		
il / elle		
nous		
vous		
ils / elles		

2 Manuel fermé, écris la conjugaison du verbe *être* puis celle du verbe *avoir* à l'imparfait.

3 ORAL 1. Complète les phrases avec les formes des verbes *être* et *avoir* à l'imparfait.

a. Le coq (être) un bon pâtissier.

b. La poule (avoir) dix jolis poussins.

c. Les poussins (avoir) très faim.

d. Les gâteaux (être) délicieux.

2. Écris les groupes Sujet + Verbe conjugué. Attention aux accords !

J'écris les verbes du 1er groupe à l'imparfait

4 1. Écris la conjugaison complète du verbe *décider* à l'imparfait. Mémorise-la.

2. Entoure les terminaisons.

5 Range les formes dans l'ordre des personnes.

tu croquais – elles nouaient – vous agrafiez – il rampait – je portais – nous escaladions

6 JE M'ENTRAINE DANS UN TEXTE

1. Relève les verbes à l'imparfait dans le texte.

Chaque matin, le chat entrait dans la cuisine. Il marchait directement vers son bol de lait.
Après, il montait sur son coussin et il ronronnait.

2. Choisis un verbe du texte et conjugue-le entièrement à l'imparfait.

7 Complète les terminaisons des verbes à l'imparfait.

a. nous regard... – tu espér... – on s'amus...

b. vous class... – je répét... – elles gard...

c. ils soulev... – vous donn... – elle délivr...

d. tu saut... – je salu... – nous invit...

JE RETIENS

- Pour tous les verbes à l'imparfait, le radical est le même qu'à la 1re personne du pluriel au présent : nous **fais**-ons (présent) → je **fais**-ais (imparfait).

je fais**ais**, **tu** fais**ais**, **il/elle** fais**ait**, **nous** fais**ions**, **vous** fais**iez**, **ils/elles** fais**aient**

JE M'ENTRAINE

J'écris les verbes *faire*, *aller*, *dire*, *venir* à l'imparfait

8 Complète le tableau photocopié.

	DIRE	VENIR
1re personne du pluriel au présent	nous ...	nous ...
1re personne du singulier à l'imparfait	je ...	je ...

9 ORAL Donne la 1re personne du singulier à l'imparfait.

faire – aller – dire – venir

10 ORAL Donne la forme du verbe à l'imparfait.

a. tu (faire) – elle (aller) – je (dire)

b. nous (venir) – vous (aller) – ils (venir)

c. il (venir) – tu (dire) – il (faire)

d. nous (dire) – vous (venir) – elles (faire)

11 ORAL Ajoute le pronom sujet qui convient (exemple : *faisait* → *il faisait*).

a. faisions – allions – alliez

b. disiez – venaient – allait

c. disait – allaient – faisaient

12 ☆ Écris les verbes entre parenthèses à l'imparfait.

a. Les voyageurs (aller) à Bayonne.

b. Nous (dire) que c'(être) loin.

c. Je (venir) de Toulouse.

d. Le chemin (faire) une boucle.

J'écris les verbes *pouvoir*, *voir*, *vouloir*, *prendre* à l'imparfait

13 ORAL Donne la 1re personne du singulier à l'imparfait.

pouvoir – voir – vouloir – prendre

14 ORAL Donne la forme du verbe à l'imparfait.

a. tu (pouvoir) – tu (voir) – elle (vouloir)

b. nous (prendre) – vous (vouloir) – ils (voir)

c. elle (pouvoir) – tu (vouloir) – il (prendre)

15 DICTÉE À DEUX

Dictez-vous les formes l'un(e) à l'autre jusqu'à ce que vous connaissiez parfaitement leur orthographe.

a. je voy**ais** – tu voy**ais** – il voy**ait**

b. nous voy**ions** – vous voy**iez**

16 ☆ Écris les verbes entre parenthèses à l'imparfait.

a. La nuit, Paul (voir) des monstres.

b. Les monstres (vouloir) le dévorer.

c. Nous (prendre) Paul dans nos bras.

d. Tu (pouvoir) toujours le rassurer.

17 DICTÉE PRÉPARÉE

Recopie les expressions en gras et mémorise leur orthographe.

Il était une fois une petite grenouille **qui souhaitait** découvrir le monde. Elle savait que **les elfes pouvaient l'aider**, et qu'ils vivaient dans le grand chêne.

Le passé composé

DÉCOUVERTE p. 172

JE RETIENS

- **Le passé composé se construit avec deux mots.**
  - Le 1er mot est le verbe *être* ou *avoir* au présent (*ai, suis*...).
  - Le 2e mot est le verbe que l'on veut conjuguer (*regardé, sorti*...).

regarder au passé composé : j'**ai regardé**

sortir au passé composé : je **suis sorti(e)**

→ VOIR LES TABLEAUX DE CONJUGAISON p. 193 à 195.

JE M'ENTRAINE

J'identifie le passé composé

1 ORAL **Dans chaque liste, relève la forme au passé composé.**

a. tu espères – nous avons espéré – ils espèreront

b. vous arrêtez – il arrêtait – tu as arrêté

c. ils sont venus – je viendrai – tu venais

2 **Dans chaque liste, recopie la forme au passé composé.**

a. tu peux – il a pu – nous pourrons

b. vous changez – il changeait – j'ai changé

c. ils sont montés – nous monterons – tu montais

3 ORAL **Donne l'infinitif des verbes au passé composé.**

a. vous avez donné

b. tu as plongé

c. tu as voulu

d. il est resté

e. ils ont survolé

f. elles sont allées

4 ☆ **Écris l'infinitif des verbes.**

a. il a fait

b. j'ai dit

c. vous avez pu

d. nous avons vu

e. vous avez pris

f. il est venu

5 **Complète avec le pronom sujet qui convient** (utilise le tableau de conjugaison du verbe *avoir* au présent).

a. ... avons écouté

b. ... ont joué

c. ... ai copié

d. ... a nagé

e. ... as décidé

f. ... avez arraché

6 **Complète avec le pronom sujet qui convient** (utilise le tableau de conjugaison du verbe *être* au présent).

a. ... sommes restés

b. ... suis allé

c. ... sont sortis

d. ... êtes rentrés

e. ... es venu

f. ... est parti

7 **Recopie la phrase au passé composé.**

a. L'hiver dernier, Maman a fait des feux dans la cheminée.

b. L'hiver dernier, Maman faisait des feux dans la cheminée.

8 ☆ ORAL **Explique la terminaison en gras.**

a. Elle est entr**ée**.

b. Vous êtes ven**us**.

c. Il est rest**é**.

d. Tu es all**ée**.

9 **JE M'ENTRAINE DANS UN TEXTE**

☆ **Dans le texte, relève les verbes au passé composé.**

Quand Boris a vu le petit souriceau au milieu de l'océan, il est allé vers lui. Amos a raconté son naufrage à Boris. Alors, la baleine a proposé à Amos de l'emmener sur son dos.

D'après *Amos et Boris* de William Steig.

Je construis le passé composé

10 **Complète le tableau photocopié.**

Verbe à l'infinitif	Verbe à la 1re personne du singulier au présent	Verbe à la 1re personne du singulier au passé composé
chanter	je chante	j'ai chanté
coller		
rester	je reste	je suis resté(e)
aller		

11 **Écris la conjugaison entière du verbe *jouer* au passé composé.**

12 **Complète avec le verbe *avoir* au présent pour former le passé composé** (utilise le tableau de conjugaison du verbe *avoir* au présent).

a. il ... attaché
b. nous ... couru
c. elles ... demandé
d. j' ... participé
e. tu ... cherché
f. vous ... pris

13 **Complète avec le verbe *être* au présent pour former le passé composé** (utilise le tableau de conjugaison du verbe *être* au présent).

a. je ... tombé
b. tu ... entré
c. nous ... venus
d. ils ... allés

14 **Écris au passé composé ce que tu as fait hier soir.**

15 ☆ ORAL **Complète les formes au passé composé.**

a. vous avez (jongler)
b. tu as (lancer)
c. elle a (marquer)
d. nous avons (voir)
e. ils ont (faire)
f. j'ai (vouloir)

16 ☆ **Complète les formes au passé composé.**

a. nous avons (donner)
b. ils ont (sécher)
c. elle a (répéter)
d. j'ai (dire)
e. tu as (voir)
f. vous avez (faire)

17 **JE M'ENTRAINE DANS UN TEXTE**

☆ À DEUX **Écrivez le texte au passé composé.**

1. Au brouillon, mettez-vous d'accord sur la forme des verbes au passé composé.
2. Recopiez le texte en écrivant les verbes entre parenthèses au passé composé.

Elliot a regardé la cime de l'arbre et, soudain, il (remarquer) une grande plume blanche qui se dressait. Elliot (monter) en haut de l'arbre où il (trouver) un nid. Aussitôt, l'oiseau (changer) de branche et Elliot a découvert un gros œuf blanc.

LEÇON 44

Le futur des verbes *être* et *avoir*

DÉCOUVERTE p. 173

JE RETIENS

- **Au futur, les verbes *être* et *avoir* se terminent par : -rai, -ras, -ra, -rons, -rez, -ront.**

➜ VOIR LES TABLEAUX DE CONJUGAISON 3 et 4 p. 193.

JE M'ENTRAINE

1 1. Écris la conjugaison du verbe *être* puis celle du verbe *avoir* au futur.

2. Entoure les terminaisons.

2 Ajoute le pronom sujet qui convient (par exemple : *serai* → *je serai*).

a. ÊTRE : serons – seras – sera – serez – seront – serai

b. AVOIR : aura – aurons – auront – auras – aurai – aurez

3 Écris le verbe au futur.

a. tu (être) – vous (avoir) – ils (être)

b. nous (avoir) – je (avoir) – vous (être)

4 Ajoute le pronom sujet qui convient.

a. ... aurez – ... sera – ... seras

b. ... auront – ... serons – ... auras

5 ☆ Recopie uniquement les formes du verbe *être* au futur.

a. vous serez
b. je saurai
c. il sera
d. nous avions
e. elles seront
f. vous sourirez

6 ☆ Recopie uniquement les formes du verbe *avoir* au futur.

a. nous serons
b. ils auront
c. vous aurez
d. j'avais
e. tu auras
f. tu avais

7 ORAL 1. Complète les phrases avec les verbes *être* et *avoir* au futur.

a. Bientôt, les cadeaux (être) déposés.

b. Nous (avoir) envie de les ouvrir.

c. Nos parents (avoir) un cadeau commun.

d. Nous (être) impatients de voir leur réaction.

2. Écris les groupes Sujet + Verbe conjugué. Attention aux terminaisons !

8 Choisis la forme verbale qui convient au pronom sujet.

a. Nous (auront/aurons) six parties à jouer.

b. Il y (aura/auras) des prix à gagner.

c. Vous (serai/serez) étonnés de leur valeur.

d. Ils (serons/seront) remis après le tournoi.

9 DICTÉE PRÉPARÉE
Observe l'orthographe des expressions en gras.

Pour mon anniversaire, **nous serons** chez mon grand-père. **Je suis** certaine que **j'aurai** le jeu dont **j'ai** envie.

LEÇON 45 Le futur des verbes du 1er groupe

DÉCOUVERTE p. 173

JE RETIENS

- Au futur, les verbes du 1er groupe ont tous les mêmes terminaisons : **-erai, -eras, -era, -erons, -erez, -eront.**

je sal**erai**, tu sal**eras**, il/elle sal**era**, nous sal**erons**, vous sal**erez**, ils/elles sal**eront**

→ VOIR LE TABLEAU DE CONJUGAISON 1 p. 193.

JE M'ENTRAINE

1 Écris le radical des verbes.

couper – tomber – frapper – caresser

2 À DEUX 1. Classez les verbes au futur dans le tableau photocopié.

a. ils glisseront
b. tu participeras
c. nous passerons
d. je changerai
e. elle hurlera
f. vous donnerez
g. tu respireras
h. il penchera
i. nous rangerons
j. elles monteront
k. vous aiderez
l. je trouverai

1re personne du singulier	
2e personne du singulier	
3e personne du singulier	
1re personne du pluriel	
2e personne du pluriel	
3e personne du pluriel	

2. Entoure les terminaisons.

3 Écris la conjugaison du verbe *flotter* au futur. Entoure les terminaisons.

4 ☆ Complète les verbes au futur.

a. il cach... – vous rêv... – nous bricol...
b. elles coll... – je mang... – tu commenc...
c. nous compt... – tu dans... – vous ferm...
d. elle entass... – je frein... – ils frott...

5 1. ORAL Lis les phrases à voix haute. Quelles formes verbales sont identiques à l'oral ?

a. Les conteurs raconteront des histoires.
b. Nous raconterons des histoires.
c. Le danseur présentera son spectacle.
d. Tu présenteras ton spectacle.

2. Recopie les groupes Sujet + Verbe. Souligne les sujets et entoure les terminaisons des verbes.

6 ☆ Relève les verbes et classe-les dans le tableau photocopié. Entoure les terminaisons.

a. Nous marcherons sur la falaise.
b. Tu éviteras de t'approcher du bord.
c. Les embruns mouilleront notre visage.
d. Le vent couchera les herbes hautes.

Tu	Il / Elle	Nous	Ils / Elles

7 JE M'ENTRAINE DANS UN TEXTE

☆ Complète les verbes au futur.

Les cigognes se rassembl… au début de l'hiver. Elles s'envol… vers l'Afrique. Nous admir… leur vol au-dessus des marais et nous écout… leurs craquètements.

LEÇON 46

Le futur de *faire*, *aller*, *dire*, *venir*, *pouvoir*, *voir*, *vouloir*, *prendre*

DÉCOUVERTE p. 173

JE RETIENS

- Ces verbes ont tous les mêmes terminaisons au futur : -rai, -ras, -ra, -rons, -rez, -ront.
  je dirai, tu diras, il/elle dira, nous dirons, vous direz, ils/elles diront
  → VOIR LES TABLEAUX DE CONJUGAISON 9 à 16 p. 194-195.

JE M'ENTRAINE

J'écris les verbes *faire*, *aller*, *dire*, *venir* au futur

1 ORAL Donne le verbe au futur.

a. je (faire) – tu (aller) – elle (dire)

b. nous (venir) – vous (aller) – ils (venir)

c. je (venir) – tu (faire) – il (faire)

d. nous (dire) – vous (venir) – elles (faire)

2 ☆ Écris le verbe au futur.

a. tu (venir) – il (aller) – je (dire)

b. nous (aller) – vous (dire) – elles (aller)

c. elle (venir) – tu (dire) – je (aller)

d. vous (faire) – nous (faire) – ils (dire)

3 ORAL 1. Ajoute le pronom sujet qui convient (exemple : *fera* → *il fera*).

a. ferons – irons – irez

b. direz – viendront – ira

c. dira – iront – feront

2. Écris les verbes avec leur sujet.

4 Choisis la forme qui convient.

a. Le renard (viendra/viendras) près du poulailler.

b. Les poules (ferons/feront) de grands battements d'ailes.

c. Nous (iront/irons) voir ce qui se passe.

5 DICTÉE À DEUX
Dictez-vous les formes l'un(e) à l'autre jusqu'à ce que vous connaissiez parfaitement leur orthographe.

a. j'i**rai** – tu i**ras** – il/elle i**ra**

b. nous di**rons** – elles di**ront**

c. je viend**rai** – tu viend**ras** – il viend**ra**

d. nous viend**rons** – vous viend**rez** – ils viend**ront**

6 ☆ Écris les verbes entre parenthèses au futur.

a. Le comédien (venir) à l'école.

b. Les écoliers (dire) quelques poèmes.

c. Vous (aller) sans doute à son spectacle.

d. Nous (faire) tout pour le voir.

7 JE M'ENTRAINE DANS UN TEXTE
Relève les verbes au futur.

Après la pluie, le soleil reviendra. Je ferai une promenade dans l'herbe mouillée et, avec mon chien, nous irons jusqu'au bord de la rivière pour regarder l'eau bondir sur les pierres.

8 Invente deux phrases :
– l'une avec le verbe *aller* au futur ;
– l'autre avec le verbe *venir* au futur.

J'écris les verbes *pouvoir*, *voir*, *vouloir*, *prendre* au futur

9 ORAL **Donne le verbe au futur.**

a. je (pouvoir) – tu (voir) – elle (vouloir)

b. nous (prendre) – vous (vouloir) – ils (voir)

c. je (voir) – tu (vouloir) – il (prendre)

d. nous (voir) – vous (pouvoir) – elles (prendre)

10 ☆ **Écris le verbe au futur.**

a. tu (pouvoir) – il (voir) – je (prendre)

b. nous (vouloir) – vous (prendre) – elles (pouvoir)

c. elle (pouvoir) – tu (prendre) – je (vouloir)

d. vous (voir) – nous (pouvoir) – ils (vouloir)

11 ORAL **1. Ajoute le pronom sujet qui convient** (exemple : *fera* → *tu feras*).

a. pourrez – pourrai – prendra

b. voudront – verrons – voudras

c. prendrez – pourra – prendrai

2. Écris les verbes avec leur sujet.

12 **Choisis la forme qui convient.**

a. Le commissaire (prendras/prendra) des photos.

b. Les enquêteurs (verrons/verront) les empreintes.

c. Vous (pourrai/pourrez) démasquer le voleur.

13 DICTÉE À DEUX
Dictez-vous les formes l'un(e) à l'autre jusqu'à ce que vous connaissiez parfaitement leur orthographe.

a. je pour**rai** – je ver**rai**

b. tu ver**ras** – il ver**ra**

c. nous pour**rons** – elles pour**ront**

d. je pren**drai** – vous pren**drez**

14 ☆ **Écris les verbes entre parenthèses au futur.**

a. En automne, tu (voir) les feuilles jaunir.

b. Les enfants (vouloir) en ramasser.

c. Nous (prendre) un panier pour les rapporter.

d. Vous (pouvoir) en faire des tableaux.

e. Vous (voir) leurs belles couleurs.

15 JE M'ENTRAINE DANS UN TEXTE
Relève les verbes au futur.

Lorsque nous prendrons le train, nous pourrons regarder un film. Je prendrai mon casque pour ne pas déranger mes voisins. Peut-être que Maman voudra bien que je mange un bonbon.

16 **Invente deux phrases :**
– l'une avec le verbe *voir* au futur ;
– l'autre avec le verbe *prendre* au futur.

MES STRATÉGIES POUR COMPRENDRE 1

JE COMPRENDS LE SENS D'UN MOT INCONNU

Exemple : *La Sorcière du TGV*, manuel pages 54-55, question 3

Page 54 du manuel, lignes 48 à 51

Léna est en train de fouiller les affaires de la sorcière.

Enfin, au fond de la sacoche, je trouve un vieux livre gluant.
À voix basse, je dis à Maman :
– J'ai trouvé le grimoire de la sorcière. Je vais te délivrer de son mauvais sort. Courage !

■ *La Sorcière du TGV*, d'Agnès Bertron-Martin, illustré par Nicolas Hubesch, collection « Mes Premiers J'Aime Lire » © 2010, Bayard Éditions.

▸ Qu'est-ce qu'un grimoire ?

J'observe comment faire

– À la ligne 48, j'ai lu que Léna avait trouvé *un vieux livre gluant* dans la sacoche de la sorcière. Je comprends donc que le grimoire est un livre.

– Aux lignes 50-51, Léna dit à sa mère : *J'ai trouvé le grimoire de la sorcière. Je vais te délivrer de son mauvais sort.*

– Donc, je peux en conclure qu'un grimoire est un livre qui contient les formules magiques de la sorcière.

→ Je me suis servie des phrases qui précèdent et qui suivent le mot pour trouver le sens du nom *grimoire*.

→ Pour être certain(e) que j'ai bien compris, je vérifie le sens du nom *grimoire* dans un dictionnaire.

Je m'entraine

Chère Mamie,

Nous sommes bien arrivés en Égypte.
Ce matin, nous avons descendu une partie du Nil sur une felouque.
Comme il n'y avait pas beaucoup de vent, le voyage a duré longtemps et nous avons pu observer comment vivent les gens le long du fleuve. C'était magique !
Je pense bien à toi.
Bises

Adrien

▸ Qu'est-ce qu'une felouque ?

MES STRATÉGIES POUR COMPRENDRE 2

JE CHERCHE DANS LE TEXTE

Exemple : *Les Musiciens de Brême*, manuel pages 18-19, question 8

Page 18 du manuel, lignes 7 à 9

– Eh bien, je vais te dire comment ! reprit l'âne. Je vais à Brême pour devenir musicien de la ville. Tu peux venir avec moi et accompagner ma musique. Pendant que je jouerai du luth, tu joueras du tambour.

Page 18 du manuel, lignes 19-20

– Viens avec nous à Brême ; tu seras musicien de la ville, comme nous.

▸ À Brême, les animaux vont-ils jouer séparément ou ensemble ? Justifie ta réponse.

J'observe comment faire

– Aux lignes 7 à 10, l'âne annonce au chien qu'il veut devenir musicien de la ville de Brême. Il l'invite à accompagner sa musique en jouant du tambour.

– Aux lignes 19-20, l'âne invite le chat pour qu'il soit musicien de la ville de Brême, « comme nous », dit-il.

– Donc, je peux en conclure que l'âne, le chien et le chat vont jouer de la musique ensemble.

→ J'ai cherché des informations dans le texte pour comprendre que les animaux vont jouer ensemble à Brême.

Je m'entraine

Un pêcheur ne possédait qu'une simple cabane mais elle lui suffisait et il dormait parfaitement bien.
Une nuit, il rêva qu'un sage passerait devant chez lui avec une perle précieuse dans son sac. Au matin, il eut envie de posséder cette perle. Plus tard, un homme passa devant chez lui. Le pêcheur lui demanda s'il n'avait pas une perle précieuse dans son sac. L'homme en avait une et la lui donna.
La nuit suivante, le pêcheur ne put fermer l'œil car il avait peur qu'on lui vole sa perle. Alors, il chercha le sage pour la lui rendre.

▸ Pourquoi le pêcheur rend-il la perle au sage ?

J'UTILISE MES CONNAISSANCES

Exemple : *Dans la maison de Babayaga*, manuel pages 44-45, question 10

Page 44 du manuel, lignes 16 à 20

Miette se glissa alors discrètement dans la salle de bain. Mais en s'approchant de la baignoire, elle s'aperçut avec horreur qu'à la surface flottaient des morceaux de carottes, de patates et de petits navets. La fillette était si terrifiée qu'elle attrapa le hoquet.

▸ Pourquoi Miette est-elle terrifiée ?

J'observe comment faire

– Je sais que Babayaga est une sorcière, comme cela est dit dans le texte en bleu au-dessus de l'extrait (p. 44).

– De plus, je sais que pour faire une soupe, on met des légumes dans de l'eau.

– Quand je lis que Miette voit *des morceaux de carottes, de patates et de petits navets* qui flottent à la surface de l'eau de la baignoire (l. 16 à 18), je comprends que Babayaga prépare une soupe, dans laquelle elle veut ajouter Miette.

– Donc, si Miette est terrifiée, c'est qu'elle a compris que Babayaga veut la faire cuire dans sa soupe.

→ J'ai utilisé mes connaissances pour comprendre les sentiments de Miette.

Je m'entraine

Enzo regarda le temps qu'il faisait : bien que l'on soit en décembre, le ciel était d'un bleu pur.
« Pas la peine de se couvrir ! » pensa-t-il.
Enzo courut rejoindre le stade, tout heureux d'assister à cette partie de rugby par un après-midi ensoleillé.
À la fin de la partie, Enzo et ses amis restèrent à bavarder mais soudain Enzo s'aperçut qu'il grelotait :
– Je dois rentrer ! dit-il.

▸ Pourquoi Enzo grelotte-t-il ?

Mes stratégies pour comprendre 4

JE FAIS DES LIENS

Exemple : *Une faim de renard*, manuel pages 30-31, question 10

Page 30 du manuel, lignes 5 à 11

Blaireau rentre dans sa maison et en ressort avec un morceau de lard, que Renard jette dans la marmite, avant de touiller la soupe avec une longue cuillère en bois, sous le regard gourmand de Blaireau. De temps en temps, il goute.

RENARD – C'est prêt ! Va chercher deux assiettes.

BLAIREAU, *au public.* – Je suis impatient de gouter sa soupe aux cailloux ! Ça sent exactement comme une soupe au lard !

■ G. Moncomble, M. Piquemal, *La Soupe aux cailloux* in *Théâtre pour de rire, 18 pièces à monter en atelier de la GS au CE1* © Éditions Magnard.

▸ **Blaireau croit-il vraiment qu'il va manger la soupe aux cailloux avec Renard ?**

J'observe comment faire

- J'ai lu que Blaireau allait chercher tout ce que Renard lui demandait.
- À la ligne 7, je lis que Blaireau regarde Renard touiller la soupe avec un *regard gourmand*. Cela veut dire qu'il a hâte de la manger.
- Aux lignes 10-11, Blaireau déclare lui-même qu'il est *impatient de gouter* la soupe aux cailloux.
- Donc, je peux en conclure que Blaireau croit vraiment qu'il va manger la soupe aux cailloux avec Renard.

→ **J'ai fait des liens entre plusieurs informations pour comprendre ce que croit Blaireau.**

Je m'entraine

Louise était une petite fille vraiment adorable mais très étourdie ! Ce jour-là, elle avait passé une grande partie de l'après-midi à la piscine. En effet, elle adorait nager et ses amies étaient comme elle. De retour à la maison, elle s'aperçut qu'elle avait oublié sa serviette dans les vestiaires.
Quand elle l'annonça à sa maman, celle-ci ne fut pas du tout étonnée !

▸ **Pourquoi la mère de Louise n'est-elle pas étonnée ?**

FICHE MÉTHODE 1

PRÉSENTER UN LIVRE

Guide pour présenter un livre

1. Je note l'auteur, le titre, la maison d'édition.
2. J'explique pourquoi j'ai choisi ce livre.
3. Je choisis un passage que j'aime bien.
4. Je présente mon livre à mes camarades.

Comment faire ?
Exemple : présenter *La Brouille* de Claude Boujon (L'École des loisirs).

1. Les références du livre

- **Sur ta fiche**, écris le nom de l'auteur, le titre du livre et le nom de la maison d'édition.
  Indique si le livre est un album, une bande dessinée, un roman.
  L'auteur : Claude Boujon
  Le titre : La Brouille
  La maison d'édition : L'École des loisirs
  C'est un album.

2. La préparation de la présentation

- **Sur ta fiche, écris une ou deux phrases pour expliquer ce qui t'a plu dans le livre.**
  Tu peux parler des illustrations, de l'histoire, des personnages, du thème...
  Je vous présente un album de Claude Boujon qui s'appelle *La Brouille*.
  Dans cet album, les personnages sont des lapins et leurs disputes m'ont fait rire.
- **Raconte les premiers évènements de l'histoire (ne raconte pas la fin).**
  Deux lapins sont voisins et amis. Ensuite, ils se disputent.
  Mais un jour, un renard arrive. Il veut manger l'un des deux lapins.

3. Le choix d'un passage

- **Repère un passage du livre qui va donner à tes camarades envie de lire le livre.**
  Place un marque-page pour le retrouver facilement.

4. La présentation du livre devant la classe

- **Viens avec ton livre et ta fiche.**
  Écris le nom de l'auteur et le titre du livre au tableau. **Dis** le nom de la maison d'édition, et s'il s'agit d'un album, d'une bande dessinée ou d'un roman.
  Montre la couverture du livre à tes camarades.
- **Lis** les phrases que tu as rédigées. **Lis** ensuite le passage que tu as choisi.
- **Demande** à tes camarades s'ils ont des questions à propos du livre.
- **Laisse le livre sur une table** pour que tes camarades puissent le regarder.

FICHE MÉTHODE 2

LIRE UN PASSAGE À VOIX HAUTE

Guide pour lire un passage à voix haute

1. Je lis plusieurs fois le texte pour bien le comprendre.
2. Je choisis l'effet que je veux produire sur mes auditeurs.
3. Je prépare ma lecture sur la photocopie du texte.
4. Je lis le texte sans erreur et en mettant le ton.

Comment faire ?
Exemple : *Les Musiciens de Brême* des Frères Grimm (manuel page 17).

Il était une fois un âne / qui, / pendant de longues années, /
avait porté des sacs au moulin. // De jour en jour, /
il était de moins en moins capable de travailler. //
Son maitre songeait à s'en débarrasser, / mais l'âne
s'en aperçut / et s'échappa. // Il prit la route de Brême : //
« Là, / pensait-il, / je pourrai devenir musicien de la ville. »

1. La compréhension du passage

- **Lis** plusieurs fois le texte et **cherche** le sens des mots que tu ne connais pas.
  Par exemple, assure-toi que tu as bien compris qui est désigné par l'expression *Son maitre* (c'est le meunier pour qui l'âne travaille).

2. L'effet à produire

- **Cherche à produire un effet sur ton auditoire.**
  Par exemple, fais en sorte que tes auditeurs aient pitié de l'âne.

3. La préparation de la lecture

- **Sur le texte photocopié, note des repères :**
  – **surligne** quelques mots sur lesquels tu veux insister ;
  – **marque** les liaisons entre les mots ;
  – **trace** des barres aux endroits où tu veux faire une pause (une barre pour les pauses courtes ; deux barres pour les pauses longues).
- **Entraine-toi à lire** le texte de manière fluide et en mettant le ton.
  Entraine-toi à adopter le ton qui convient pour la phrase que l'âne dit dans sa tête.

4. La lecture du texte devant la classe

- **Lis le texte** à tes camarades en articulant bien et en parlant fort.

FICHE MÉTHODE 3

DIRE UN POÈME DE MÉMOIRE

Guide pour dire un poème de mémoire

1. Je lis le poème plusieurs fois pour bien le comprendre.
2. Je repère la composition du poème et je surligne les mots ou sonorités qui reviennent.
3. J'apprends le poème par cœur en utilisant des aides.
4. Je le récite de façon fluide en regardant mon auditoire.

Comment faire ?

Exemple : *La fleur de pommier* de Robert Desnos (manuel page 69).

La fleur de pommier

Joli rossignol et fleur de pommier /
Si la neige tombe au mois de Juillet, /
Joli rossignol et fleur de pommier, /
C'est que le soleil en Janvier brillait, /
Joli rossignol et fleur de pommier.

■ « La fleur de pommier », *Chantefables et chantefleurs*, Robert Desnos © Éditions Gründ, 2010.

1. La compréhension du poème

- **Lis le poème plusieurs fois.** Si besoin, cherche les mots que tu ne connais pas dans le dictionnaire.
  rossignol : un rossignol est un oiseau. Le chant du rossignol annonce le printemps.

2. La préparation sur le poème photocopié

- **Repère le nombre** de strophes, de vers. Demande-toi s'il y a un refrain.
  Dans *La fleur de pommier*, il y a **une seule strophe**. Elle comporte **5 vers**.
  Le vers 1 revient trois fois, c'est **le refrain**.
- **Mets des barres aux endroits du poème où tu veux faire des pauses.**
- **Repère** les mots qui se répètent, les **rimes**. **Surligne-les.**

3. La mémorisation du poème

- **Entraine-toi à enchainer les vers du poème** à l'aide d'un camarade ou d'un adulte, puis essaie de les dire sans regarder ta feuille.
  Par exemple, un camarade lit le refrain, à toi d'enchainer les deux autres vers.

4. La récitation devant la classe

- **Récite ton poème en jouant avec ta voix :** en chuchotant, en accentuant certains mots…

FICHE MÉTHODE 4

ÉCRIRE UN DIALOGUE

Guide pour écrire un dialogue

1. J'observe la présentation d'un dialogue dans mon manuel.
2. J'imagine le dialogue avec un camarade.
3. J'écris le dialogue au brouillon puis je le recopie au propre.

Comment faire ?
Exemple : ajouter trois répliques au dialogue entre Léa et Tom (manuel page 61)

Léa est debout au pied d'un chêne immense. Elle pointe le doigt et dit :
– Regarde !
Une échelle de corde ! Une longue échelle de corde pend le long du tronc depuis le sommet de l'arbre.
– Wouah ! s'exclame Tom.
Là-haut, tout là-haut, à demi cachée dans l'épais feuillage, il y a une cabane.

■ *La Vallée des dinosaures*, collection *La Cabane magique*, de Mary Pope Osborne, traduit par Marie-Hélène Delval © 2017, Bayard éditions.

1. L'observation d'un dialogue

- **Observe attentivement la présentation d'un dialogue :**
  – **trouve** les phrases qui indiquent qui parle ;
  – **repère** les tirets au début des répliques ;
  – **repère** la ponctuation à la fin des phrases.

2. La création du dialogue à deux

- **Oralement, imagine le dialogue avec un camarade.**
  Répétez-le deux ou trois fois pour en mémoriser l'essentiel.

3. L'écriture du dialogue

- **Au brouillon :**
  – **écris** les répliques les unes sous les autres ;
  – **ajoute** les tirets et la ponctuation ;
  – **ajoute** les phrases qui disent qui parle.

Léa dit :
– Il y a sans doute quelqu'un dans la cabane...
Tom répond :
– Et si on montait voir qui c'est ?
– Oui, allons-y. Monte le premier, toi ! propose Léa.

- **Recopie ton dialogue au propre.**

CONSEILS DE LECTURE

DES HISTOIRES DE LA VIE QUOTIDIENNE

Série ***L'École d'Agathe CE1***
Pakita, Rageot (romans)

Dans chaque tome de la série, Agathe te présente un copain de sa classe. « Maxi-rigolade » assurée !

Série ***La Bande du CE1***
Sophie Dieuaide, Nathan (romans)

Suis les aventures de Lili, Fred, Tom et Fatou, quatre amis inséparables.

Diane danse, Luciano Lozano, Les éditions des éléphants (album)

Un jour, en entendant une musique qui lui plait, Diane se met à danser. Elle va vraiment te surprendre !

Les Lunettes de Camille
Nadine Brun-Cosme, Bayard éditions (roman)

Manon est jalouse de Camille… Si seulement elle pouvait s'emparer de ses lunettes !

Joker, Susie Morgenstern, L'École des loisirs (roman)

Avoir un nouveau maitre, c'est toujours une aventure… Mais tu n'as pas rencontré Hubert Noël !

La Bataille des slips
Anne-Isabelle Lacassagne, Bayard éditions (roman)

Un roman très drôle sur les disputes entre frères et sœurs.

DES HISTOIRES POUR RIRE

Rébellion chez les crayons
Drew Daywalt et Oliver Jeffers, Kaléidoscope (album)

Duncan adore le coloriage mais ses crayons préfèreraient se reposer…

Série ***Les Sept Ours nains***
Émile Bravo, Seuil jeunesse (BD)

Dans chaque histoire, les sept ours nains retrouvent les personnages des contes les plus célèbres.

Série ***Noé et Azote***
Mim et Benoît Bajon, Magnard jeunesse (romans)

Une jolie histoire d'amitié entre Noé, 7 ans, et Azote, un troll des montagnes.

Série ***Le Journal de Gurty***
Bertrand Santini, Sarbacane (journal)

Une chienne nommée Gurty raconte sa drôle de vie aux côtés de son humain Gaspard.

DES HISTOIRES POUR PARTIR À L'AVENTURE

Série ***Émile et Margot***
Anne Didier, Olivier Muller et Olivier Deloye, Bayard Kids (BD)

Émile et Margot parviennent toujours à se tirer d'affaire grâce à leurs amis les monstres.

Série ***Ma première mythologie***
Hélène de Kérillis, Hatier (romans)

Ulysse, Jason…
Chaque volume raconte les aventures d'un héros de la mythologie.

Série ***Le Buveur d'encre***
Éric Sanvoisin, Nathan (romans)

Des vampires gourmands d'encre !
Une histoire fantastique et passionnante.

Le Mégatruc, Céline Claire, Bayard éditons (roman)

Pierre et Nico ont trouvé un « mégatruc » : une bille bleue qui réalise tous leurs rêves !

La Soupe à la souris
Arnold Lobel, L'école des loisirs (histoires courtes)

Une souris essaie d'échapper à son sort en racontant des histoires.

Le Roman de Renart
Bruno Heitz (2 tomes), Gallimard jeunesse (romans)

Renart a faim, il faut qu'il mange… C'est ce qui le rend si intelligent !

DES LIVRES POUR APPRENDRE

Collection ***Mes p'tits docs histoire***
Milan (documentaires)

Chaque volume présente une période de l'histoire : la Renaissance, la Révolution…

Collection ***Kididoc***
Nathan (documentaires)

La planète, la danse, le foot, Paris…
Cette collection de livres animés traite de nombreux thèmes.

Je compte tout
La Martinière (documentaire)

Quel animal a le plus de dents ? Quel est le monument le plus haut ? Toutes les réponses sont dans ce livre passionnant.

Bienvenue chez nous
Moira Butterfield, Gallimard jeunesse (documentaire)

Ce livre fait découvrir la vie des habitants des pays du monde.

TABLE DES ILLUSTRATIONS ET DES TEXTES

Responsable d'édition : Leyla PIERRE
Chef de projet : Jeanne BOYER
Éditrice : Camille MENNESSON
Principe maquette : Massimo MIOLA
Mise en page : Danielle MOURAIN
Iconographie : HATIER ILLUSTRATION

Illustrateurs :
Élodie BALANDRAS : pages 9, 12 et 13
Perceval BARRIER : pages 17 à 24 et 35
Frédéric BÉLONIE : pages 103 et 118 à 181
Irène BONACINA : pages 43 et 48
Yohan COLOMBIÉ-VIVÈS : pages 8, 69 et 70
Camille de CUSSAC : pages 72 à 75
Juliette LAGRANGE : pages 27 et 30
Mathilde LAURENT : pages 14, 67 et 68
Emmanuelle GARNOT : pages 61, 64-65 et 104 à 117
Vincent SOREL : pages 77, 82-83 et toutes les vignettes représentant les thèmes

Achevé d'imprimer en Italie par STIGE
Dépôt légal n° 05368-7/01 - Février 2019

1. CHANTER

Temps simples				Temps composé
Présent	*Imparfait*	*Passé simple*	*Futur*	*Passé composé*
je chante	je chantais	je chantai	je chanterai	j'ai chanté
tu chantes	tu chantais	tu chantas	tu chanteras	tu as chanté
il, elle chante	il, elle chantait	il, elle chanta	il, elle chantera	il, elle a chanté
nous chantons	nous chantions	nous chantâmes	nous chanterons	nous avons chanté
vous chantez	vous chantiez	vous chantâtes	vous chanterez	vous avez chanté
ils, elles chantent	ils, elles chantaient	ils, elles chantèrent	ils, elles chanteront	ils, elles ont chanté

2. FINIR

Temps simples				Temps composé
Présent	*Imparfait*	*Passé simple*	*Futur*	*Passé composé*
je finis	je finissais	je finis	je finirai	j'ai fini
tu finis	tu finissais	tu finis	tu finiras	tu as fini
il, elle finit	il, elle finissait	il, elle finit	il, elle finira	il, elle a fini
nous finissons	nous finissions	nous finîmes	nous finirons	nous avons fini
vous finissez	vous finissiez	vous finîtes	vous finirez	vous avez fini
ils, elles finissent	ils, elles finissaient	ils, elles finirent	ils, elles finiront	ils, elles ont fini

3. ÊTRE

Temps simples				Temps composé
Présent	*Imparfait*	*Passé simple*	*Futur*	*Passé composé*
je suis	j'étais	je fus	je serai	j'ai été
tu es	tu étais	tu fus	tu seras	tu as été
il, elle est	il, elle était	il, elle fut	il, elle sera	il, elle a été
nous sommes	nous étions	nous fûmes	nous serons	nous avons été
vous êtes	vous étiez	vous fûtes	vous serez	vous avez été
ils, elles sont	ils, elles étaient	ils, elles furent	ils, elles seront	ils, elles ont été

4. AVOIR

Temps simples				Temps composé
Présent	*Imparfait*	*Passé simple*	*Futur*	*Passé composé*
j'ai	j'avais	j'eus	j'aurai	j'ai eu
tu as	tu avais	tu eus	tu auras	tu as eu
il, elle a	il, elle avait	il, elle eut	il, elle aura	il, elle a eu
nous avons	nous avions	nous eûmes	nous aurons	nous avons eu
vous avez	vous aviez	vous eûtes	vous aurez	vous avez eu
ils, elles ont	ils, elles avaient	ils, elles eurent	ils, elles auront	ils, elles ont eu

5. FAIRE

Temps simples				Temps composé
Présent	*Imparfait*	*Passé simple*	*Futur*	*Passé composé*
je fais	je faisais	je fis	je ferai	j'ai fait
tu fais	tu faisais	tu fis	tu feras	tu as fait
il, elle fait	il, elle faisait	il, elle fit	il, elle fera	il, elle a fait
nous faisons	nous faisions	nous fîmes	nous ferons	nous avons fait
vous faites	vous faisiez	vous fîtes	vous ferez	vous avez fait
ils, elles font	ils, elles faisaient	ils, elles firent	ils, elles feront	ils, elles ont fait

6. ALLER

Temps simples				Temps composé
Présent	*Imparfait*	*Passé simple*	*Futur*	*Passé composé*
je vais	j'allais	j'allai	j'irai	je suis allé(e)
tu vas	tu allais	tu allas	tu iras	tu es allé(e)
il, elle va	il, elle allait	il, elle alla	il, elle ira	il, elle est allé(e)
nous allons	nous allions	nous allâmes	nous irons	nous sommes allé(e)s
vous allez	vous alliez	vous allâtes	vous irez	vous êtes allé(e)s
ils, elles vont	ils, elles allaient	ils, elles allèrent	ils, elles iront	ils, elles sont allé(e)s

7. DIRE

Temps simples				Temps composé
Présent	*Imparfait*	*Passé simple*	*Futur*	*Passé composé*
je dis	je disais	je dis	je dirai	j'ai dit
tu dis	tu disais	tu dis	tu diras	tu as dit
il, elle dit	il, elle disait	il, elle dit	il, elle dira	il, elle a dit
nous disons	nous disions	nous dîmes	nous dirons	nous avons dit
vous dites	vous disiez	vous dîtes	vous direz	vous avez dit
ils, elles disent	ils, elles disaient	ils, elles dirent	ils, elles diront	ils, elles ont dit

8. VENIR

Temps simples				Temps composé
Présent	*Imparfait*	*Passé simple*	*Futur*	*Passé composé*
je viens	je venais	je vins	je viendrai	je suis venu(e)
tu viens	tu venais	tu vins	tu viendras	tu es venu(e)
il, elle vient	il, elle venait	il, elle vint	il, elle viendra	il, elle est venu(e)
nous venons	nous venions	nous vînmes	nous viendrons	nous sommes venu(e)s
vous venez	vous veniez	vous vîntes	vous viendrez	vous êtes venu(e)s
ils, elles viennent	ils, elles venaient	ils, elles vinrent	ils, elles viendront	ils, elles sont venu(e)s